Heiko Kleve

Ambivalenz, System und Erfolg

Provokationen postmoderner Sozialarbeit

2007

Satz u. Grafik: Drißner-Design u. DTP, Meßstetten
Umschlaggestaltung: Goebel/Riemer
Printed in the Netherlands
Druck und Bindung: Koninklijke Wöhrmann, Zutphen

Erste Auflage 2007
ISBN: 978-3-89670-560-0

Bibliografische Information Der Deutschen Bibliothek
Die Deutsche Bibliothek verzeichnet diese Publikation
in der Deutschen Nationalbibliografie; detaillierte bibliografische
Daten sind im Internet über http://dnb.ddb.de abrufbar.

Carl-Auer Verlag
Häusserstraße 14
69115 Heidelberg
Tel. 0 62 21-64 38 0
Fax 0 62 21-64 38 22
E-Mail: info@carl-auer.de

Inhalt

Einleitung

Die Soziale Arbeit befindet sich in einer schwierigen Phase. Aufgrund des gesellschaftlichen Umbaus, der mit einer radikalen Veränderung des Sozialstaates einhergeht, des Sockels der Sozialen Arbeit, müssen sich die sozialarbeiterische Theorie und Praxis ebenfalls wandeln. Sie sind aufgefordert, die Gleise ihrer klassischen Wege zu verlassen, wissen aber noch nicht, wo die neuen Gleise liegen und wohin sie führen. Benötigt werden daher Reflexionen der Theorie, die Zukunftsperspektiven eröffnen, sowie effektive und effiziente Innovationen der Methodik. Beides soll in diesem Buch aus Sicht einer *postmodernen Sozialarbeitswissenschaft* (siehe zuletzt ausführlich dazu Kleve 2003; Wirth 2005) offeriert werden. Eine solche Sozialarbeitswissenschaft bietet jedoch keine bequemen Antworten, sondern eher Provokationen – Provokationen vor allem für diejenigen, die an traditionellen Konzepten festhalten. Diese Provokationen lassen sich mit den Begriffen *Ambivalenz*, *System* und *Erfolg* zusammenfassen und dreifach dimensionieren, in drei Teile aufspalten. Jeder der drei Teile des Buches provoziert auf einer anderen Ebene.

Im *Teil 1* bildet das Strukturmerkmal postmoderner Sozialarbeitswissenschaft den Ausgangspunkt: die *Reflexion über Ambivalenzen*. So geht es zunächst darum zu zeigen, dass die Theoriearbeit in der Sozialen Arbeit kein Projekt sein sollte, das ausschließlich systematisiert, um so Eindeutigkeiten und Sicherheiten zu generieren. Vielmehr lautet die provozierende These, dass Sozialarbeitswissenschaft Theorien benötigt, die die Vexierbilder des Ambivalenten, des Widersprüchlichen, des Hin- und Herdriftens herstellen und nutzen. Wie dies möglich ist, wird veranschaulicht (1. Kapitel). Sodann wird gezeigt, wie eine solche ambivalenzreflexive Theoriearbeit genutzt werden kann bei der Reflexion einiger aktueller Tendenzen der Transformation des Sozialstaates. Soziale Arbeit wird innerhalb dieser Transformation verortet als eine Praxis, die außer mit ihren klassischen derzeit mit zusätzlichen Ambivalenzen aufgeladen wird, die sie aber methodisch (z. B. durch das systemische Case Management) durchaus bewältigen kann (2. Kapitel). Neben dem handlungsmethodischen Bewältigen von Ambivalenzen bietet sich jedoch darüber hinaus ein reflexionsmethodisches Verfahren an zu dem Zweck, mit den vielfältigen Widersprüchen und Dilemmata der Sozialen Arbeit konstruktiv zu verfahren: die Tetralemmaarbeit. Von welchen Annahmen eine solche Reflexionsarbeit ausgeht und wie sie beispielsweise zum Management von Ambivalenzen einsetzbar ist, wird vorgeführt (3. Kapitel).

Im *Teil 2* wird die postmoderne Perspektive vom *systemtheoretisch-konstruktivistischen Ansatz* ergänzt. Auf dieser Basis werden zwei Kontroversen aufgenommen, zum einen die Kontroverse zum Für und Wider bezüglich einer konstruktivistisch orientierten postmodernen Sozialen Arbeit und zum anderen die Frage nach der Möglichkeit erfolgreicher Intervention. Gegen den Konstruktivismus hat sich erst kürzlich Ernst Engelke (2003, S. 476 f.) ausgesprochen, der diese Metatheorie geradezu als gefährlich für die Profession und ihre Klientel betrachtet. Engelkes ablehnender Position, die auf problematischen Interpretationen beruht, wird im Zuge der Darstellung des Wandels von modernen zu postmodernen Denkfiguren in den Wissenschaften radikal widersprochen (4. Kapitel). Eine zentrale Provokation einer systemtheoretisch-konstruktivistischen Sozialen Arbeit war seit je die These, dass der Erfolg von Interventionen gewissermaßen Zufall, ja unwahrscheinlich ist. Diese Provokation wird aufgegriffen mit dem Ziel, zu zeigen, dass es trotz der Unwahrscheinlichkeit instruktiver Interaktionen möglich ist, Bedingungen anzugeben, unter welchen sich die Erfolgswahrscheinlichkeit von sozialarbeiterischen Interventionen erhöht (5. Kapitel).

Im *Teil 3* provoziert eine These, die bereits im 5. Kapitel vorgedacht wurde, nämlich die, dass sich Möglichkeiten einer Sozialen Arbeit eröffnen lassen, die die Herausforderungen der Transformation des Sozialstaates erfolgreich annehmen. Eine solche Herausforderung besteht darin, mit knapper werdenden Mitteln effektiv (zielwirksam) und effizient (wirtschaftlich), kurz: nachhaltig und erfolgreich methodisch vorzugehen. Anhand von vier Ansätzen wird exemplarisch dargestellt, wie Soziale Arbeit die aktuellen Schwierigkeiten methodisch meistern könnte. Dabei wird zunächst das Konzept der Sozialraumorientierung mit systemischen Reflexionen aufgefüllt mit der Absicht, vorzuführen, welche praxisverändernden Potenziale es in sich trägt (6. Kapitel). Weiterhin steht die Soziale Arbeit mit Familien im Mittelpunkt, die als methodische Handlungsweise beschrieben wird, welche sich auf ein ganz besonderes System der modernen Gesellschaft bezieht. Wenn die Besonderheit dieses System ernst genommen und geachtet wird, lassen sich daraus interessante, innovative, aber auch provozierende Schlussfolgerungen ableiten, zum Beispiel jene, dass Soziale Arbeit dieses System (etwa hinsichtlich der Erziehung von Kindern und Jugendlichen) niemals kompensieren, sondern bestenfalls konstruktiv anregen kann (7. Kapitel). Ergänzend dazu wird die Perspektive der Sozialen Arbeit mit Familien auf die Elternarbeit fokussiert, und es wird gefragt, wie in der Kinder- und Jugendhilfe so mit Eltern interagiert werden kann, dass sich Kooperationsstrukturen etablieren (8. Kapitel). Kooperation, und zwar zwischen Jugendamt und den freien Trägern der Kinder- und Jugendhilfe, ist schließlich auch das Thema, anhand dessen die aus der systemischen Aufstellungsarbeit abgeleiteten Metaprinzipien und Grundannahmen für den Systemerhalt und die konstruktive Systementwicklung vorgeführt werden. Denn gerade diese Prinzipien und Annahmen verweisen auf die Möglichkeit, soziale Systeme äußerst erfolgreich und nachhaltig anzuregen (Kapitel 9).

Abschließend möchte ich einige Möglichkeiten benennen, wie dieses Buch gelesen werden kann: Sie können es ganz klassisch sequenziell, also linear von vorne bis hinten lesen. Bei einem solchen Vorgehen werden Sie merken, dass es immer wieder Redundanzen gibt, dass zentrale Leitgedanken in unterschiedlichsten Themenkontexten wieder aufscheinen, so zum Beispiel die Theoriefigur der Ambivalenz und ihre Reflexion in der sozialarbeiterischen Praxis oder unterschiedliche systemtheoretische Perspektiven. Aufgrund dieser Wiederholungen ist es daher möglich, das Lesen des Buches an den unterschiedlichsten Stellen anzufangen. Sie müssten also nicht mit dem *Teil 1* beginnen, sondern könnten im *Teil 2* oder *3* starten. Immer wieder werden Sie dabei auf die zentrale Leitfrage des Buches stoßen, auf die Frage nämlich, *wie erfolgreiche Praxis und Theorie der Sozialen Arbeit unter systemischen und postmodernen (insbesondere ambivalenten) Kontextbedingungen möglich ist.*

Teil I: Provokationen der Ambivalenz

1. Ambivalenzreflexive Theoriegenese in der Sozialen Arbeit – Ein persönlicher und methodologischer Problemaufriss

Ausgangspunkte

Wissenschaftliche Erkenntnisprozesse, ob sie als empirische Forschung oder als Theoriebildung betrieben werden, unterliegen vielfältigen Einflüssen. So tangiert etwa die Persönlichkeit des Wissenschaftlers seine Erkenntnisprozesse in erheblichem Maße. Die subjektiven Erfahrungen, die vergangenen und aktuellen sozialen Beziehungen sowie die Bewertung der Erfahrungen und Beziehungen sind verstrickt mit den Forschungsinteressen und der Darstellung der Forschungsergebnisse. Ein Jahrhundert psychoanalytischer Aufklärung und Jahrzehnte postmoderner Dekonstruktion haben es uns vor Augen geführt: Die vermeintliche Objektivität wissenschaftlicher Erkenntnis blendet aus, dass sie in einem Kontext vielfältiger psychischer (subjektiver), sozialer und zeitlicher Abhängigkeiten steht. Der Stempel der Objektivität soll seiner ursprünglichen Intention nach gewährleisten, dass etwas unabhängig vom Beobachter Gültigkeit beanspruchen kann. Inzwischen fordert das Signum objektiver Erkenntnis dazu heraus, besonders penetrant danach zu fragen, wer das wann und wie beobachtet hat, was sich den Anstrich der Objektivität gibt und wie dies möglicherweise auch anders beobachtet werden könnte.

Wie nie zuvor in der Geschichte der Wissenschaft scheint das wissenschaftliche Wissen konfrontiert zu werden mit den kontextuellen Bedingungen seiner Produktion und mit der Unsicherheit bzw. der Infragestellung seiner objektiven Gültigkeit. Immer wichtiger wird es daher, die Produktions- bzw. Konstruktionskontexte wissenschaftlicher Erkenntnisprozesse zu reflektieren. Wissenschaft sollte sich im 21. Jahrhundert nicht nur dadurch auszeichnen, dass sie von der Kontextgebundenheit ihrer Ergebnisse weiß, sondern auch dadurch, dass sie in der Lage ist, ihre Kontextgebundenheit darzustellen (siehe als ein gelungenes Beispiel dafür Gergen 1999).

Zu dieser Darstellung gehört mindestens zweierlei: *Erstens* ist Wissenschaft unter postmodern destabilisierten Bedingungen aufgefordert, nicht nur ihre Erkenntnismethoden anzugeben, sondern vor allem auch zu untersuchen, welchen Beitrag diese Methoden bei der Gewinnung, Konstruktion und Produktion des Wissens leisten. Denn seit Beginn des 20. Jahrhunderts dürfte klar sein, dass nicht nur die Geistes- und Sozialwissenschaften durch ihre Methoden das beeinflussen und – radikal formuliert – erst herstellen, was sie beobachten. Die Ergebnisse der Quantenphysik haben gezeigt, dass auch die Betrachtung subatomarer Materie beobachterabhängig ist und dass die Erkenntnismethode Einfluss darauf hat, was erkannt wird: entweder Wellen oder Teilchen (siehe aufschlussreich dazu Fischer 2001; mehr dazu in Kapitel 4). *Zweitens* muss heutige Wissenschaft auch Rechenschaft darüber ablegen, dass ihre Ergebnisse und deren Darstellung von persönlichen Einflusskategorien der Forscher abhängig sind wie Persönlichkeitsstruktur, Geschlechtszugehörigkeit, familiärem und sozialem Umfeld, sozioökonomischer Lebenssituation, gesellschaftspolitischem Standpunkt, interdisziplinärer Einbindung, ethischen und religiösen Überzeugungen, persönlichen Abhängigkeiten, persönlichen Bedürfnissen und Interessen sowie einschneidenden Erlebnissen und Vorlieben (vgl. Engelke 2003, S. 233 ff.). Auch hier scheint schnell die Angemessenheit dieser Explizierung hinsichtlich der Geistes- und Sozialwissenschaften evident. Dass aber auch die Ergebnisse der Naturwissenschaften von derartigen Merkmalen tangiert werden, ist weniger offensichtlich. Ich will in diesem Zusammenhang lediglich an die Ergebnisse von feministischer und Gender-Forschung erinnern, die zeigen, von welchen sozialen und subjektiven Überformungen die scheinbar so objektiven biologischen Geschlechterkategorien »männlich« und »weiblich« abhängig sind, ja erst konstruiert werden (siehe etwa Lorber 1995).

Im Folgenden werde ich – gewissermaßen als persönlichen, aber auch methodologischen Ausgangspunkt des Buches – ausgewählte Aspekte der genannten Reflexionsdimensionen wissenschaftlicher Forschung auf meine eigene wissenschaftliche Arbeit beziehen. Ich beschäftige mich seit mehreren Jahren mit eher grundlagentheoretischen Fragen Sozialer Arbeit (siehe Kleve 1996, 1999, 2000, 2003; Kleve, Koch u. Müller 2003), die im Kontext einer bestimmten – mit meinem persönlichen Erfahrungskontext verwobenen – Methode stehen: der *Ambivalenzreflexion*. Mit der Thematisierung dieser Methode verfolge ich vor allem drei Ziele: *Erstens* geht es mir um eine vorsichtige Rechenschaftslegung bezüglich meines theoretischen Arbeitens; *zweitens* soll deutlich werden, in welchem Erfahrungskontext die Methode steht, die ich präferiere; und *drittens* soll genau diese Methode so dargestellt werden, dass sie anwendbar ist auf Prozesse der Theoriegenese.

Ausgangspunkt meiner Ausführungen bildet die Reflexion der Ambivalenz des wissenschaftlichen Schreibprozesses selbst.

1.1 Lust und Frust als Ambivalenz des wissenschaftlichen Schreibens

Lutz von Werder und Barbara Schulte-Steinicke (2003), zwei Berliner Schreibforscher, führten über einige Jahre in jedem Semester eine hochschulübergreifende Ringvorlesung zum wissenschaftlichen Schreiben durch; im Sommersemester 2003 nannten sie ihre Vorlesung *Lust & Frust des wissenschaftlichen Schreibens*. Mit dem Titel der Ringvorlesung soll offenbar deutlich werden, dass es sich beim wissenschaftlichen Schreiben um einen ambivalenten Prozess handelt, der zugleich Lust und Frust erfahrbar werden lässt. Wissenschaftliches Schreiben scheint in dieser Hinsicht etwas Zweischneidiges, Widersprüchliches, Janusköpfiges, kurz: etwas Ambivalentes zu sein. Es ist aus der Perspektive der genannten Schreibforscher – so zumindest lässt der gewählte Titel ihrer Veranstaltung vermuten – sowohl lustvoll als auch frustrierend. Das wissenschaftliche Schreiben erscheint also, wie möglicherweise die gesamte Wissenschaft, als ein höchst ambivalentes Unterfangen.

Diese These finden wir von Friedrich Nietzsche in *Die fröhliche Wissenschaft* (1882, S. 383, erstes Buch 10–12) bestätigt, dort heißt es: »Vom Ziele der Wissenschaft. – Wie? Das letzte Ziel der Wissenschaft sei, dem Menschen möglichst wenig Unlust zu schaffen? Wie, wenn nun Lust und Unlust so mit einem Stricke zusammengeknüpft wären, dass, wer möglichst viel von der einen haben will, auch möglichst viel von der anderen haben muss – dass, wer das ›Himmelhoch-Jauchzen‹ lernen will, sich auch für das ›Zum-Tode-betrübt‹ bereithalten muss?‹«

Nietzsche inszeniert hier die Ambivalenz, die Gleichzeitigkeit der Gegensätze, er meint, wer das eine haben will, die Lust, der muss zugleich das andere, das Gegensätzliche, die Unlust, den Frust, akzeptieren, beides kommt gleichzeitig. Ich möchte zeigen, *dass die Inszenierung solcher Ambivalenzen, solcher Gleichzeitigkeiten des Gegensätzlichen, eine Methode für das wissenschaftliche Schreiben, insbesondere für die Genese von Sozialarbeitstheorie sein kann.* Dabei werde ich in vier Schritten vorgehen, um die Methode der Ambivalenzinszenierung vorzuführen: Zunächst erzähle ich in einem *ersten* Schritt, wie ich zur Idee gekommen bin, die Inszenierung von Ambivalenzen als methodisches Prinzip meines wissenschaftlichen Schreibens zu wählen. *Zweitens* versuche ich zu verdeutlichen, dass die Inszenierung von Ambivalenzen eine bestimmte Haltung voraussetzt und diese Haltung verstärkt und vertieft: nämlich *das Staunen über die Selbstverständlichkeiten der anderen. Drittens* komme ich zurück zur Methode der Inszenierung von Ambivalenzen und stelle sie etwas genauer vor. Dazu werde ich kurz unterschiedliche sozialwissenschaftliche und sozialphilosophische Möglichkeiten, Ambivalenzen zu inszenieren, benennen. Schließlich wird in einem *vierten* Schritt die Methode noch einmal knapp zusammengefasst.

1.1.1 Ambivalenz als zentrales Merkmal Sozialer Arbeit

Als ich Mitte der 1990er-Jahre anfing, mich mit dem Thema meiner Doktorarbeit zu beschäftigen, wusste ich zunächst nur, dass ich eine theoretische Arbeit schreiben wollte. Denn schon früh begann ich, mich für Theorien zu interessieren. In meiner Familie wurde ich von einem Bruder meiner Mutter sehr geprägt, der sich mit den unterschiedlichsten philosophischen, soziologischen und psychologischen Theorien beschäftigte und mich oft einlud, mit ihm zu diskutieren. Bei diesen Diskussionen ging es zumeist um die soziale Wirklichkeit des Landes, in dem wir lebten, um die Realität der DDR. Mein Onkel tat in unseren Diskussionen zumeist etwas, was ich damals noch nicht verstehen konnte, was mich mitunter auch wütend machte: Er blendete Sichtweisen ein, die normalerweise in der Welt, in der ich lebte, ausgeblendet waren, nämlich Sichtweisen, die die verdeckten Schattenseiten und Widersprüchlichkeiten des Systems vorführten, in dem wir lebten.

Spätestens als ich einen von der marxistisch-leninistischen Philosophie durchtränkten Staatsbürgerkundeunterricht genießen konnte, wurden die Diskussionen mit meinem Onkel – auch in theoretischer und philosophischer Sicht – heftiger. Wir stritten uns beispielsweise über die vermeintliche Grundfrage der Erkenntnistheorie, ob nun entweder die Materie oder das Bewusstsein primär sei. Ich konnte sehen und erleben, wie er den Kopf schüttelte und sich wunderte über meine Selbstverständlichkeiten und die meiner Lehrer und wie er das aufzeigte, was mir bis dahin eher verdeckt blieb.

In diesen Gesprächen lernte ich bereits eine Haltung kennen, auf die ich noch näher eingehen werde: die Haltung des Staunens über die Selbstverständlichkeiten der anderen. Vor allem aber erfuhr ich, welchen Spaß und welche Lust Theorien und theoretische Diskussionen bereiten konnten. Deshalb war mir 1996 wahrscheinlich sehr schnell klar, dass ich eine theoretische Dissertation schreiben, dass ich theoretisches Denken in meiner Arbeit inszenieren wollte.

Nur, wie konnte ich dies tun? Hatten nicht bereits viele versucht, die Sozialarbeit theoretisch zu fundieren? Es gab bereits die unterschiedlichsten theoretischen Deutungen der Sozialen Arbeit – klassisch geisteswissenschaftliche, marxistische, kritisch-theoretische, kritisch-rationalistische oder systemtheoretische. Frustrierend erschien mir, dass diese Arbeiten zumeist nur von einem kleinen Kreis von Wissenschaftlern oder Studenten gelesen wurden. Die Praxis blieb eigentümlich theorieresistent, ließ sich kaum verstören von Theorien. Die Sozialarbeitstheoretiker sind möglicherweise vergleichbar mit Philosophen, denen von Odo Marquart, selbst Universitätsprofessor für Philosophie, vorgehalten wird (vgl. Herwig-Lemp 2003, S. 16), dass sie sind wie Sockenfabrikanten, die Socken lediglich für Sockenfabrikanten produzieren.

Ich hatte zumindest den Anspruch, in meiner Dissertation theoretische Fragmente zu generieren, die auch dafür taugen sollten, der Praxis etwas Brauchbares zu sagen. Aber wie war dies möglich? Auf jeden Fall schien mir, dass es nicht darum gehen durfte, eine neue Theorie der Sozialen Arbeit zu produzieren, die sich lediglich neben andere Theorieansätze gesellte, die eine neue Socke nur für andere Sockenfabrikanten anbot. Ich wollte etwas anderes machen, etwas, das imstande sein konnte, auch die Praxis konstruktiv zu irritieren.

In einer Zeit, in der ich mich mit dieser Frage herumschlug, und zwar im September 1997, nahm ich an einem von Heinz J. Kersting vom *Institut für Beratung und Supervision (IBS)*, Aachen organisierten Workshop teil, den Hans-Christoph Vogel in Düsseldorf durchführte. Danach veränderte sich alles. Denn Vogel beeinflusste mich durch seinen Vortrag maßgeblich, plötzlich wurde mir klar, wie ich meine Arbeit schreiben wollte.

Er referierte über systemische Verfahren der Problemlösung in Organisationen und sprach sehr häufig von Paradoxien und Ambivalenzen. Zentral für systemische Verfahren der Problemlösung schienen paradoxe und ambivalente Prozesse zu sein, z. B., dass ein

Ereignis in einer Organisation zugleich beides, zugleich Problem *und* Lösung sein könne. Dieser Gedanke ließ mich nicht mehr los, ich hatte den Eindruck, etwas Entscheidendes über die Soziale Arbeit gelernt zu haben, obwohl Vogel kaum ausdrücklich über die Soziale Arbeit sprach. Nun, so schien mir, hatte ich das gefunden, wonach ich suchte: einen Grundgedanken für meine Dissertation.

Ich entdeckte einen Gedanken, der zugleich theoretisch und eminent praktisch war. Denn meine bisherige Praxis als Sozialarbeiter in der Kinder-, Jugend- und Familienhilfe sowie in der Sozialpsychiatrie ließ sich mit diesem Gedanken sehr genau auf einen Punkt bringen. Und dieser Punkt war die Idee, dass diese Praxis als höchst ambivalent beschrieben werden kann und dass es darauf ankommt, diese Ambivalenz – praktisch – auszuhalten und bestenfalls – theoretisch – zu reflektieren, durch das wissenschaftliche Schreiben zu inszenieren.

Ich wusste nun, wie ich meine Arbeit verfassen wollte, nämlich ausgehend genau von dieser Idee: dass die Soziale Arbeit eine Praxis ist, die von zahlreichen Widersprüchen und Paradoxien, von zahlreichen Ambivalenzen durchzogen wird. Ich hatte den Eindruck, die Ambivalenz ist *das* Wesensmerkmal Sozialer Arbeit.

Ich schaute mir an, was ich bis dahin bereits geschrieben hatte, und sichtete erneut die Theorien, auf die ich mich bereits stützte. Deutlich wurde dabei einerseits, dass ich für meine Arbeit schon einige Texte verfasst hatte, in denen ich – zumindest implizit – sozialarbeiterische Ambivalenzen theoretisch reflektierte, dies konnte ich nun explizit tun. Andererseits schien mir, dass die Theorien Sozialer Arbeit, die mir bis dahin bekannt waren, eher versuchten, Eindeutigkeit zu erzeugen, dass sie auf die Vielfalt Sozialer Arbeit, auf die Heterogenität, Widersprüchlichkeit der sozialarbeiterischen Praxis mit dem Reflex reagierten, zumindest in der theoretischen Reflexion Übersichtlichkeit und Ambivalenzfreiheit zu erzeugen. Genau diese Strategie verabschiedete ich nun.

Eine auch praxistaugliche Theorie sollte meiner Ansicht nach die Praxis dort abholen, wo sie steht, und vor allem diesen Standpunkt wissenschaftlich, theoretisch inszenieren, also die Ambivalenzen beschreiben und erklären. Nachdem mir dies klar war, brauchte ich knapp ein Jahr, um meine Arbeit fertig zu schreiben (siehe dazu Kleve 1999). Nützlich war mir dabei eine Haltung, von der ich bereits sprach: die Haltung des Staunens über die Selbstverständlichkeiten der anderen. Diese Haltung soll etwas genauer beschrieben werden.

1.1.2 Staunen über die (eindeutigen) Selbstverständlichkeiten der anderen

Während ich mich mit anderen theoretischen Ansätzen beschäftigte, diese untersuchte und rezipierte, fing ich an, mich immer stärker zu wundern. Ich wunderte mich darüber, wie Theorien die Vielfältigkeiten, Widersprüchlichkeiten, Gegenläufigkeiten, Paradoxien, kurz: Ambivalenzen der Praxis Sozialer Arbeit ausblendeten und danach strebten, eindeutige Theoriegebäude zu errichten. Ich las nur an ganz wenigen Orten, z. B. bei Fritz Schütze (1992) und Albert Mühlum et al. (1997), dass Sozialarbeit ein Geschäft sei, das von Ambivalenzen und Paradoxien durchzogen ist; und dort, wo dies geschrieben wurde, wurden (mit Ausnahme von Fritz Schütze, s. o.) – spätestens bei der Beantwortung der aktionalen Frage, was in der Praxis zu tun sei – Empfehlungen gegeben, wie die Widersprüche zu glätten seien, wie die Gegenläufigkeiten in Gradlinigkeiten überführt werden könnten.

Die Differenzen der Praxis, die in der theoretischen Reflexion aufschienen, sollten offenbar wieder in Identitäten überführt werden. So beobachtete ich in vielen Versuchen, Soziale Arbeit theoretisch zu fassen, ein Modell, das Theodor W. Adorno (1966) in seinem philosophischen Hauptwerk, *Negative Dialektik*, vorführt und kritisiert: das Differente, das Nichteindeutige als zu eliminierende Problematik zu bewerten und es dem angestrebten Identischen, dem Eindeutigen unterzuordnen. Ich versuchte im Gegensatz dazu, mich von einem Bewusstsein zu verabschieden, das Adorno (ebd., S. 17) so beschreibt: »Das Differenzierte erscheint so lange divergent, dissonant, negativ, wie das Bewusstsein der eigenen Formation nach auf Einheit drängen muss: solange es, was nicht mit ihm identisch ist, an seinem Totalitätsanspruch misst.«

Daher begann ich, mich zu fragen, wie ich an die einheits- und identitätsorientierten Theorien anschließen und zugleich meine Distanz zu ihnen kenntlich machen konnte. Allerdings wollte ich etwas vermeiden, das ich bei diesen Theorien oft entdeckte: eine vorlaute Kritik hinsichtlich konkurrierender Theorien und auch in Bezug auf die Praxis. Ich probierte, eine solche Kritik zu vermeiden, weil ich nicht vorhatte, ein Besserwissen zu inszenieren; vielmehr war es mein Anliegen, von diesen Theorien auszugehen, an sie anzuschließen. Denn ich fand durchaus viele interessante und sehr nachvollziehbare Gedanken in allen – auch sich gegenseitig widersprechenden – Theorieansätzen.

Da ich mich bereits sehr intensiv mit Luhmanns Systemtheorie beschäftigt hatte, war mir seine Haltung, Theorie zu betreiben, bereits bekannt. Für Luhmann (1991, S. 73) ist »Theorie [...] die Kunst, aus Trivialitäten weit reichende Schlüsse zu ziehen«. Er empfiehlt der soziologischen Theorie, »ihre Distanz zur Gesellschaft weniger durch vorlaute Kritik und eher in der Form des Erstaunens über die Selbstverständlichkeiten der anderen zum Ausdruck zu bringen« (ebd.).

Genau dies wollte ich tun: über die Selbstverständlichkeiten der anderen staunen und das, was für die Theorien, die ich rezipierte, normal, klar und eindeutig war bzw. von ihnen so gemacht, ja so zugerichtet wurde, vor dem Horizont des auch anders Möglichen, des Widersprüchlichen und Ambivalenten betrachten. Denn mir schien, wie gesagt, dass die Praxis alles andere ist als normal, klar und eindeutig. In der Praxis war das, was Theorien als wahrscheinlich, als normal hinstellten, höchst unwahrscheinlich und unnormal.

Theorierezeption hieß für mich ab jetzt, zwei Schritte zu gehen – *erstens*: die Selbstverständlichkeiten der anderen aufzuspüren, über diese erst einmal zu staunen; und *zweitens*: diese Selbstverständlichkeiten mit ihren ausgeblendeten Seiten, mit ihren selbst erzeugten Blindheiten zu konfrontieren.

Inzwischen habe ich entdeckt, dass der erste Schritt meiner Theorierezeption, also das Prinzip des Staunens und Wunderns, das Grundprinzip jener Disziplin ist, welche die reflektierte menschliche Theoriesuche und -genese begründete: der Philosophie – zumindest aus der Sicht von Jostein Gaarder (1993), der in seinem Roman über die Geschichte der Philosophie, *Sofies Welt*, schreibt (S. 23): »*Die Fähigkeit, uns zu wundern, ist das Einzige, was wir brauchen, um gute Philosophen zu werden.*« Ich würde in Anlehnung an Gaarder sagen, dass die Fähigkeit, sich zu wundern, die Grundvoraussetzung ist, um überhaupt Theorie zu betreiben. Mit dieser Fähigkeit wird die Welt aus der Selbstverständlichkeit des Alltags gerissen und zu einer Welt, die (wieder) aus großen und neugierigen Kinderaugen gesehen werden kann.

Wer die Fähigkeit besitzt, über die Welt und vor allem auch über die Welt, die die anderen als selbstverständlich ansehen, sich zu wundern, darüber zu staunen, der wird auch den Sinn ausbilden können, den der zweite Schritt der Theorierezeption und Theoriegenerierung – die Inszenierung der Ambivalenz – erfordert: den Möglichkeitssinn. Robert Musil (1930) beschreibt diesen Sinn in seinem Roman *Der Mann ohne Eigenschaften* (S. 16):

»Wenn es aber einen Wirklichkeitssinn gibt, und niemand wird bezweifeln, dass er seine Daseinsberechtigung hat, dann muss es auch etwas geben, das man Möglichkeitssinn nennen kann. Wer ihn besitzt, sagt beispielsweise nicht: Hier ist dies oder das geschehen; sondern erfindet: Hier könnte, sollte oder müsste geschehen; und wenn man ihm von irgendetwas erklärt, dass es so sei, wie es sei, wie es ist, dann denkt er nur: Nun, es könnte wahrscheinlich auch anders sein.«

Mit diesem Möglichkeitssinn komme ich zum dritten Schritt, zur Methode der Inszenierung von Ambivalenz.

1.1.3 Ambivalenzreflexion als Methode der Sozialarbeitswissenschaft

Soziale Arbeit zeichnet sich dadurch aus, dass sie ein praktisches Feld ist, über das kaum etwas Eindeutiges gesagt werden kann. Soziale Arbeit lässt sich jedoch, so meine These, brauchbar beschreiben, wenn die ambivalenten Pole der Praxis hervorgeholt und theoretisch erklärt werden. Dazu drei einfache Beispiele (siehe ausführlich zu einer Vielfalt sozialarbeiterischer Ambivalenzen in erkenntnis- und wissenschaftstheoretischer sowie in sozial- und praxistheoretischer Hinsicht Kleve 1999):

Erstes Beispiel: Eine Ambivalenz Sozialer Arbeit ist seit langem bekannt, wurde bereits früh reflektiert; und zwar besteht sie darin, dass Soziale Arbeit sowohl eine Hilfs- als auch eine Kontrollfunktion hat. Sie steht demnach zwischen den individuellen Ansprüchen von Menschen, professionelle Hilfe bei Problemen zu erfahren, und der gesellschaftlichen Erwartung, Menschen zu kontrollieren, die sich den normativen Disziplinierungen gesellschaftlicher Institutionen nicht beugen (können oder wollen).

Zweites Beispiel: Der Sozialarbeit auch bekannt, aber bereits seltener expliziert ist die Ambivalenz von Hilfe und Nichthilfe. Demnach läuft Sozialarbeit zugleich darauf hinaus, zu helfen und nicht zu helfen, und zwar aus zwei Gründen: *Erstens* trägt sie als professionelle Hilfe die Gefahr in sich, nicht zu helfen, sondern die Menschen abhängiger und hilfloser zu machen als vor der Hilfe; *zweitens* beginnt jede professionelle Hilfe nur, um so schnell wie möglich wieder beendet zu werden, um wieder in Nichthilfe übergehen zu können; denn erst die Möglichkeit dieses Übergangs offenbart den Erfolg der Hilfe (siehe ausführlicher dazu Kapitel 2 und 3).

> *Drittes Beispiel:* Weniger bekannt in der theoretischen Reflexion scheint zu sein, dass Sozialarbeit zugleich auf Integration und Desintegration hinausläuft, und dies ebenfalls aus zwei Gründen: *Erstens* könnten sozialarbeiterische Versuche, Menschen in soziale Gemeinschaften zu integrieren, nicht Integration bewirken, sondern die vermeintliche Desintegration verfestigen oder sogar erst erzeugen. Denn Sozialarbeit kann Menschen gerade davon abhalten, sich zu integrieren, weil die Sozialarbeit bereits eine supplementäre, eine ersatzweise Integration anbietet. *Zweitens* könnte es sein, dass das sozialarbeiterische Postulat nach Integration ausblendet, dass heutige Individuen gerade nicht integriert, sondern desintegriert sein müssen, wollen sie ihre physische und psychische Reproduktion sichern. Denn ist nicht Desintegration das, was heutige Individuen auszeichnet, was sie moralisch und kommunikativ so freisetzt, dass sie die vielfältigen gesellschaftlichen Rollen überhaupt erst einnehmen können, die nötig sind, damit das physische und psychische Überleben gesichert werden kann? (Vgl. ausführlich dazu Nassehi 1997.)

Diese drei sehr verkürzt skizzierten Beispiele zeigen bereits, wie die Methode der Inszenierung von Ambivalenz praktiziert werden kann, *indem nämlich in Theorien gängige Begriffe mit ihren Gegenbegriffen konfrontiert werden,* womit untersucht wird, ob nicht zugleich auch die ausgeschlossenen Seiten der Begriffe, ihre Negationen, passend sein könnten für eine Beschreibung.

Deutlich werden könnte hier auch, dass die Inszenierung von Ambivalenz mit der Dialektik verwandt ist. Denn es geht hierbei – wie in der Dialektik – um die Darstellung von Begriffen und Gegenbegriffen, von Thesen und Gegenthesen sowie des Zusammenhangs der beiden entgegengesetzten begrifflichen Pole. Der Unterschied zur Dialektik liegt jedoch darin, *dass auf die Synthese verzichtet wird, dass die Begriffe in ihrer Gegensätzlichkeit, in ihrer Ambivalenz gelassen, besser: gehalten werden.* Philosophiegeschichtlich wird also nicht an eine Dialektik Hegels oder Marx' angeschlossen, sondern vielmehr an die von Nietzsche, der in *Jenseits von Gute und Böse* (1886, S. 17) bereits eine alternative Dialektik, eine Dialektik der Ambivalenz, anklingen lässt, wenn er schreibt:

> »Es wäre sogar noch möglich, dass, was den Wert jener guten und verehrten Dinge ausmacht, gerade darin bestünde, mit jenen schlimmen, scheinbar entgegengesetzten Dingen auf verfängliche Weise verwandt, verknüpft, verhäkelt, vielleicht gar wesensgleich zu sein.«

Philosophisch wird eine solche Inszenierung von Ambivalenz spätestens von Adorno in seiner *Negativen Dialektik* (1966) wieder vorgeführt. Dort geht es um nichts Geringeres als um den Sturz der klassischen Identitätsphilosophie in Form der traditionellen Metaphysik. Aber selbst dieser Sturz bleibt ambivalent, bleibt zweischneidig, wenn Adorno ein Denken vorführt, das die Metaphysik nicht einfach abschaffen will, sondern das »solidarisch (ist) mit Metaphysik im Augenblick ihres Sturzes« (ebd., S. 400). Adorno rennt in seiner negativen Dialektik an gegen das identifizierende Denken; er versucht, das Nichtidentische, das sich der begrifflichen Subsumierung Entziehende zur Geltung zu bringen, es vor der Einverleibung durch die vereindeutigenden und verdinglichenden Begriffe zu retten. Das Ergebnis eines solchen Rettungsversuchs könnte die Ambivalenz sein: die wieder aufscheinende Zwiespältigkeit der Phänomene.

Derjenige allerdings, der als Erbe der kritischen Theorie von Adorno und Horkheimer gilt, nämlich Jürgen Habermas, hat die negative Dialektik jedoch wieder in Richtung Synthesewunsch verlassen – was ich hier nicht ausführen kann (siehe dazu etwa den Streit zwischen Habermas und Lyotard und vgl. die Texte der genannten Philosophen in Welsch 1994). Erst die aktuellen Wortführer des legendären *Instituts für Sozialforschung* in Frankfurt am Main, an dem traditionell »kritische Theorie« betrieben wird, finden wieder zurück zur Inszenierung der Ambivalenz, ja vielleicht sogar zu einer negativen Dialektik. So schreibt Axel Honneth (2002, S. 9), dass man sich derzeit mehr und mehr vom marxschen Konzept der sozialen Widersprüche, die (dialektisch) durch den gesellschaftlichen Fortschritt synthetisiert werden, verabschiede, und zwar zugunsten von Konzepten, die die Ambivalenzen gesellschaftlicher Entwicklung inszenieren. Damit schließt die kritische Theorie (endlich!, so könnte man aufatmend ausrufen) an aktuelle Entwicklungen der Sozialphilosophie und Gesellschaftstheorie an (siehe exemplarisch dazu zwei Studien, die explizit die Ambivalenz ins Zentrum des Interesses setzen: Junge 2000 und Jekeli 2002).

Honneth (2002, S. 9) formuliert selbst:

> »Seit Jahren schon scheint sich innerhalb der Soziologie die Tendenz abzuzeichnen, verstärkt auf Begriffe wie Ambivalenz, Gegenläufigkeit oder eben Paradoxie zurückzugreifen, um die neuere Entwicklung der kapitalistischen Gesellschaften zu deuten; wo heute nicht jene simplen Fortschritts- oder Verfallsmodelle vorherrschen, setzt sich unterschwellig das Bewusstsein durch, dass wir gegenwärtig nicht krisenhafte

> oder widersprüchliche Zuspitzungen, sondern höchst paradoxale Wandlungsprozesse beobachten können.«

Besonders die Systemtheorie Luhmanns, aber vor allem der Diskurs der Postmoderne machen vor, dass heutige gesellschaftliche Entwicklungen brauchbar gedeutet werden können, wenn sie ambivalent oder paradox beschrieben und erklärt werden. So formuliert Wolfgang Welsch (1990, S. 192), dass die »Ambivalenz [...] das mindeste (ist), womit wir bei den gegenwärtigen Weltverhältnissen rechnen müssen«. Davon ausgehend resümiert er, dass keine »Wirklichkeitsbeschreibung tragfähig ist, die nicht zugleich die Plausibilität der Gegenthese verfolgt« (ebd.). Dies hat insbesondere Jacques Derrida (z. B. 1972) mit seinen Dekonstruktionen seit Ende der 1960er-Jahre vorgeführt. *Dekonstruktion – das ist ein anderes Wort für die methodische Inszenierung von Ambivalenz*; denn es meint das Einblenden dessen, was mit der Benennung durch bestimmte Begrifflichkeiten ausgeblendet wird, aber ebenso plausibel oder sogar plausibler ist, es meint eine »›Lektüre‹ der Welt, die das Ausgegrenzte wieder ans Licht bringt« (Engelmann 1990, S. 31). Die Dekonstruktion als Inszenierung von Ambivalenz bricht die Synthesen, die Eindeutigkeiten auf und versucht, das hervorzuholen, was an Gegensätzen, Gegenläufigkeiten und Paradoxien durch Begriffe getilgt wird.

Aber auch diese dann eingeblendeten Gegensätze, Gegenläufigkeiten, Paradoxien und Ambivalenzen können weiteren Dekonstruktionen zugeführt werden. Gerade wenn es darum geht, nicht nur theoretisch Ambivalenzen zu bezeugen, sondern wenn es (wie in der Sozialen Arbeit) notwendig ist zu handeln, können die »strikten Ambivalenzen« (Kamper 1999, S. 101 ff.) nicht stehen bleiben, sondern müssen sich »stringenten Dekonstruktionen« (ebd.) unterziehen, sodass neue, dritte Wege des Handelns entstehen, die jenseits des Gegensätzlichen, aber auch jenseits der einseitigen Ambivalenztilgung liegen. Ich komme im Kapitel 3 darauf zurück und werde zu zeigen versuchen, wie solche »stringenten Dekonstruktionen«, wie Dietmar Kamper sie nennt, durch die Methode des Tetralemmas (siehe insbesondere Varga von Kibéd u. Sparrer 2005) realisiert werden können.

Die Notwendigkeit, Ambivalenzen aufzudecken, sie akzeptierend zu reflektieren sowie sie zu dekonstruieren, wurde in den Geisteswissenschaften erst mit dem Ausgang der Moderne aus unterschiedlichen Perspektiven reflektiert. So hat etwa Zygmunt Bauman (1991) in seinem Klassiker *Moderne und Ambivalenz* gezeigt, wie der Modernisierungsprozess mit unterschiedlichsten Versuchen einherging, Ambivalenzen zu tilgen, und wie es in einer postmodern gewendeten Wissenschaft darum gehen könnte, *erstens*: genau dies zu zeigen, zu bezeugen, und *zweitens*: Konzepte, theoretische wie praktische, zu entwickeln, um Ambivalenzen aushaltbar zu machen. Beispielhaft für viele andere seien hier schließlich die philosophiegeschichtlich und sozialwissenschaftlich bedeutsamen Arbeiten von Peter V. Zima (1989, 1997, 2000) genannt, die derartige ambivalenzreflexive und ambivalenztolerante Konzepte vorführen.

1.1.4 Inszenierung von Ambivalenz als Methode der Theoriegenese

Die Methode der Inszenierung von Ambivalenz kann jederzeit für das wissenschaftliche Schreiben, für die Genese von Theorien genutzt werden. Sie ist mithin besonders hilfreich, wenn man theoretisch arbeiten möchte. Theoretische Arbeiten gehen zumeist aus von anderen theoretischen Arbeiten, sie beziehen sich auf diese, setzen diese fort oder bieten alternative theoretische Blicke an. Die Methode der Ambivalenzinszenierung hat vor allem das Potenzial, alternative theoretische Deutungen zu produzieren. Sie ist, genau genommen, eine Beobachtung höherer Ordnung, die beobachtet, wie andere Theorien beobachten, und dann versucht, das, was diese durch ihre Begriffe nicht beobachten können, zu beobachten, einzublenden. Dabei werden vor allem zentrale Begrifflichkeiten beobachtet, Begrifflichkeiten, die wie selbstverständlich voraus- oder eingesetzt werden. Die entsprechenden Begriffe werden mit ihren möglichen Gegenbegriffen konfrontiert, und es wird gefragt, ob nicht zugleich auch die Gegenbegriffe Brauchbares über das Thema aussagen, beschreiben und erklären können. Mit der Methode der Ambivalenzinszenierung oder der Ambivalenzreflexion kann in drei Schritten vorgegangen werden:

Erstens: Während der Lektüre von Texten, die Phänomene (z. B. der Praxis) beschreiben und erklären, die also Theorie betreiben, wird versucht, die scheinbar eindeutigen Selbstverständlichkeiten aufzuspüren und über sie zu staunen, sich über sie zu wundern.

Zweitens: Nachdem die Selbstverständlichkeiten aufgespürt wurden, über sie gestaunt werden konnte, beginnt die Suche nach möglichen Gegenbegriffen zu den vermeintlich selbstverständlichen Begriffen. Dabei geht es darum, alternative Begriffe, Gegenbegriffe aufzuspüren, die einblenden, was ausgeblendet wird. Schließlich sollen die Begriffe, deren Selbstverständlichkeiten offenbart wurde, aus dieser Selbstverständlichkeit entrissen werden, indem mit den Gegenbegriffen aufgezeigt wird, was ebenfalls plausibel eingeblendet werden könnte.

Drittens: In einem letzten Schritt erfolgt dann etwas, das mit der Methode der *funktionalen Analyse* der luhmannschen Systemtheorie (vgl. Luhmann 1984, S. 83 ff.) verwandt ist: Die Gegenbegriffe werden zunächst in Szene gesetzt, und zwar als auch mögliche Beschreibungen derselben Phänomene, mithin als Alternative zu den Begriffen, die die Selbstverständlichkeiten bezeichnen. Sodann wird eine alternative Erklärung des Phänomens unternommen mithilfe der Gegenbegriffe. Diese Erklärung wird neben die primäre Erklärung gestellt. Beide werden schließlich miteinander verglichen, aber als Pole in ihrer Unterschiedlichkeit belassen, und zwar so, dass die zuvor verborgene Symmetrie dieser Begriffe wieder zum Vorschein kommt und die Gleichzeitigkeit des Unterschiedlichen bezüglich eines Phänomens sichtbar wird.

1.2 Ambivalenz – die notwendige Perspektive in der Sozialen Arbeit

Dass die Ergebnisse, die die Wissenschaft produziert, abhängen von den Methoden, die sie benutzt, und ebenfalls verweisen auf die subjektiven und sozialen Kontexte der Wissenschaftler, war die Eingangsthese dieses Kapitels. Diese These wurde am Beispiel der von mir präferierten Methode der Ambivalenzreflexion diskutiert. Es sollte deutlich geworden sein, dass sich diese Methode dazu eignet, wissenschaftliche Beobachtungen und Darstellungen zu orientieren. Abschließend soll bekräftigt werden, dass die Ambivalenzreflexion insbesondere in postmodernen Zeiten anempfohlen werden kann. Denn postmoderne Zeiten sind solche, in denen die Paradoxie (Luhmann 1997), die Paralogie (Lyotard 1979) oder die Ambivalenz (Bauman 1991) zum bestimmenden Merkmal sozialer und geistiger Phänomene wird. Die Genese dieser Zeiten kann man brauchbar wohl nicht anders als soziologisch beschreiben, und zwar als Übergang der Gesellschaft von der stratifikatorischen, d. h. der Schichtendifferenzierung hin zur funktionalen Differenzierung (vgl. Luhmann 1997).

Mit der funktionalen Differenzierung der Gesellschaft entsteht die postmoderne Kondition. Obwohl Luhmann, und zwar als derjenige

Soziologe, der am intensivsten die Folgen funktionaler Gesellschaftsdifferenzierung herausgearbeitet hat, sich der Charakterisierung seiner Theorie als postmodern verwehrt hat, stimme ich Zima (2000, S. 343) zu, dass »Luhmann [...] trotz seiner Dementis ein postmoderner Denker *par excellence* [Hervorh. im Orig.]« ist. Denn Luhmanns Soziologie liefert die sozialstrukturelle Diagnose für die Anamnese postmoderner Philosophen und Kulturwissenschaftler (vgl. dazu auch Fuchs 1992). Diese Anamnese kann gebündelt beschrieben werden mit der Konstatierung der bereits von Nietzsche, Freud und Adorno artikulierten Erfahrung, dass die Identitäten des Sozialen und des Subjektiven aufgebrochen sind, fragmentarisch auseinander driften (siehe weiterführender dazu Kapitel 4). Die Fragmentierung der Welt produziert nunmehr die Gleichzeitigkeit des Gegensätzlichen, die Parallelisierung der unterschiedlichsten Perspektiven. Wer sich dieser Vielfalt annähern will, der wird schnell an die Grenzen traditioneller Theoriebildung gelangen, für die die Identifizierung des Eindeutigen Zielstellung ist. Vielmehr benötigt man für die Reflexion der fragmentierten postmodernen Welt Theorien, die das Uneindeutige aushalten, die Gegensätze innerhalb des Subjektiven und Sozialen auch theoretisch zu inszenieren vermögen.

Genau eine solche Theoriearbeit kann auch für die Sozialarbeitswissenschaft und Sozialpädagogik eingefordert werden. Denn als Produkt der modernen Gesellschaft, das das postmoderne Janusgesicht dieser Gesellschaft erhellt, ist die Soziale Arbeit besonders offensichtlich ambivalent konstituiert. Daher benötigen Sozialpädagogik und Sozialarbeitswissenschaft eine theoretische Reflexion, die – mit Michael Winkler (1999, S. 99) gesprochen – »die doppelten Effekte zu begreifen versucht, die aus der bisherigen Sozialpädagogik entstanden sind«. Das Thema der wissenschaftlichen Reflexion Sozialer Arbeit »wären also die aufgebrochene Ambivalenz der Moderne, die damit entstandenen Wirkungen für Gesellschaften und Individuen, die Notwendigkeit auch, diese in neuen Begriffen so zu entwickeln, dass Spielräume des Handelns entstehen könnten« (ebd.). Bei einer solchen Konstruktion von neuen Begriffen und der Suche nach Spielräumen des Handelns bietet die hier vorgestellte Ambivalenzreflexion ein geeignetes Hilfsmittel.

2. Postmoderne Sozialarbeit und Sozialstaatstransformation – Eine ambivalenzreflexive Positionsbestimmung

Im Folgenden soll das, was im ersten Kapitel als Methode vorgeschlagen und knapp skizziert wurde, die Ambivalenzreflexion, auf die Analyse der aktuellen Sozialen Arbeit bezogen werden. Und diese Analyse geht, wie kann es anders sein, von der seit einigen Jahren sich abzeichnenden Veränderung des Sozialstaates aus. Die Frage ist, *welche sozialarbeiterischen Ambivalenzen besonders hell aufscheinen angesichts der Krise des Sozialstaates.*

Ausgangspunkte

Die bisherige Geschichte der Sozialen Arbeit in der Bundesrepublik Deutschland war eine Erfolgsgeschichte – zumindest, wenn wir das quantitative und qualitative Wachstum der Profession betrachten. Dies zeigt sich, wie wir in Anlehnung an Roland Merten und Thomas Olk (1996) sagen können, in dreifacher Hinsicht: *erstens* hinsichtlich der Anzahl der Beschäftigten in der Sozialen Arbeit, *zweitens* hinsichtlich der differenzierten Angebots- und Interventionsformen und *drittens* hinsichtlich der Vielfalt von Träger- und Angebotsstrukturen.

1. Die Anzahl der Beschäftigten: Wie es in einem Beitrag von Walter Thorun (2004) im *Rundbrief Gilde Soziale Arbeit* unter dem Titel *Expansion der sozialen Berufe?* heißt, ist die Anzahl der Beschäftigten in den sozialen Berufen in Deutschland in den letzten Jahrzehnten kontinuierlich gestiegen: Während 1925 30 000 und 1950 60 000 Menschen in diesem Bereich erwerbstätig waren, so stieg die Zahl bis 2002 auf über 1 255 000. »Und dabei hat sich das Wachstum vor allem in der Zeit nach 1970 vollzogen. Waren 1970 in den alten Bundesländern etwa 150 000 Erwerbstätige in den sozialen Berufen beschäftigt, verdoppelte sich die Zahl innerhalb von zehn Jahren auf fast 300 000« (ebd., S. 41). Diese Entwicklung veranlasste C. W. Müller (1998) dazu, davon zu sprechen, dass Soziale Arbeit in der Krise expandiere. Die Frage ist allerdings, wie sich diese Zahlen im Zuge der Sozialstaatstransformation entwickeln werden; denn diese Transformation, das kann bereits hier festgehalten werden, ist vor allem ein

Sparen, ein Kürzen von finanziellen Leistungen, welche nicht mehr zum Aufbau und zur Gewährleistung sozialer Unterstützungen und Hilfen zur Verfügung stehen.

2. *Die differenzierten Angebots- und Interventionsformen:* Die Expansion von unterschiedlichen Angebots- und Interventionsformen wird beispielsweise sichtbar, wenn wir die unterschiedlichen Ausbildungsformen und Qualifikationen im sozialen Bereich betrachten. So haben wir es in diesem Bereich mit Absolventinnen und Absolventen von Fachschulen, von Berufsakademien und Fachhochschulen sowie von Universitäten zu tun, die sich in vielfältigsten Weisen spezialisieren können (etwa methodisch oder arbeitsfeld- und zielgruppenspezifisch). Diese qualitative Differenzierung von sozial Tätigen hat auch quantitative Folgen. Während die Anzahl der Fachschüler auf einem Niveau von 50 000 Studierenden pro Jahr verharrt, hat sich die Anzahl der an der FH und der Uni Studierenden zwischen 1975 und 1994 verdoppelt (auf jeweils etwa 44 000) (vgl. Müller 1998).

3. *Die Vielfalt von Träger- und Angebotsstrukturen:* Insbesondere aufgrund des Subsidiaritätsprinzips, das die Nachrangigkeit von staatlich institutionalisierten gegenüber privat realisierbaren sowie von freien Trägern durchführbaren Hilfen regelt und eine größtmögliche Nähe des Angebots zu den jeweiligen Klientinnen und Klienten gewährleisten soll, hat sich ein vielfältiges Nebeneinander unterschiedlichster Träger mit unterschiedlichsten Interessen, Arbeits- und Angebotsstrukturen herausgebildet. Ausgehend von den sozial-liberalen Entwicklungen der 1960er- und 1970er-Jahre konnten sich in fast allen Bereichen der Sozialen Arbeit verschiedenste Projekte und Initiativen etablieren. Grundlage dieser Etablierung ist allerdings eine gesicherte Finanzierung, die zumeist über rechtlich zugesicherte staatliche Transferleistungen realisiert wird. Diese Finanzierung steht derzeit mehr und mehr infrage.

Während, wie erwähnt, C. W. Müller noch 1998 von einer Expansion der Sozialen Arbeit in der Krise sprechen konnte, müssen wir mit derartigen Thesen heute vorsichtiger sein. Die leeren öffentlichen Kassen auf Bundes-, Länder- und Kommunalebene scheinen sich inzwischen auf die zumeist öffentlich finanzierten Stellen in der Sozialen Arbeit auszuwirken. Wie Manfred Bausch von der Zentralstelle für Arbeitsvermittlung (ZAV) der Bundesagentur für Arbeit bereits im März 2004 in der *Süddeutschen Zeitung* schrieb, »hat sich [in Deutschland] der Arbeitsmarkt für Sozialpädagogen deutlich verschlechtert.« Die Arbeitslosigkeit sei innerhalb eines Jahres um 27 Prozent gestiegen; zugleich sei die Zahl der freien Stellen gegenüber 2003 um fast ein Drittel gesunken. Von Wilfried Nodes (2005) wird dies bestätigt; er berichtet (S. 3), dass die Jahre 2003 und 2004 einen kräftigen Anstieg der Arbeitslosenzahlen mit sich brachten: »Rund 11 000 Sozialarbeiter und Sozialpädagogen waren 2004 arbeitslos gemeldet.« Damit scheint die bisherige positive Entwicklung, das Wachstum der Sozialen Arbeit, möglicherweise an ein Ende gekommen zu sein, obwohl Soziale Arbeit freilich eine (lebens-)notwendige Profession der modernen Gesellschaft bleibt oder sogar für bestimmte Bevölkerungsgruppen wichtiger wird denn je (vgl. zur Notwendigkeit Sozialer Arbeit Kleve 2004b).

Das Ende der Expansion der Sozialen Arbeit ist ein Zeichen dafür, dass sich der Sozialstaat Deutschland verändert, dass die öffentlichen Kassen leer sind und dass zukünftig nicht mehr, sondern weniger Geld zur Verfügung steht, mit dem die Leistungen des Sozialstaates und der Sozialen Arbeit finanziert werden. Äußerst prekär ist, dass die Soziale Arbeit an das Ende ihres staatlich finanzierten Wachstums gerät in einer Zeit, in der die Zahl der Menschen, die potenziell auf sie angewiesen sind bzw. angewiesen sein könnten, wächst. Denn die Zahl der Menschen, die aufgrund von Arbeitslosigkeit und wirtschaftlicher Not materielle Hilfen, aber auch psychosoziale Unterstützungen nachfragen (müssen), nimmt ja nicht ab, sondern zu.

In diesem Kapitel sollen die Sozialstaatstransformation und ihre Folgen für die Soziale Arbeit aus der Perspektive der postmodernen Theorie Sozialer Arbeit betrachtet werden. Dabei wird von einer zentralen Position postmoderner Sozialer Arbeit ausgegangen, nämlich davon, dass ein wesentliches Markenzeichen professioneller Sozialer Arbeit ihre widersprüchliche, uneindeutige, ja paradoxe, kurz: ambivalente Struktur ist. Diese – wie ich im Folgenden kurz sage – *Ambivalenzlastigkeit* ist ein konstitutives Merkmal Sozialer Arbeit. Die These dieses Beitrags lautet nun, *dass es infolge der Sozialstaatstransformation zu einer weiteren Steigerung sozialarbeiterischer Ambivalenzen kommt.* Bevor einige besonders offensichtliche Ambivalenzen Sozialer Arbeit reflektiert werden, die im Kontext der Sozialstaatstransformation ins Auge fallen, soll zunächst kurz ausgeführt werden, was unter postmoderner Sozialarbeit überhaupt zu verstehen ist. Schließlich wird die Methode des *systemischen Case Management* hinsichtlich ihrer Grundkonzeption knapp skizziert als eine mögliche Antwort auf die methodischen Herausforderungen, die der Sozialstaatsumbau der Praxis beschert.

2.1 Postmoderne Sozialarbeit – ambivalente Sozialarbeit

Postmoderne Sozialarbeit ist eine theoretische Perspektive in der Sozialen Arbeit, die davon ausgeht, dass die Soziale Arbeit als eine postmoderne Profession bewertet werden kann. Postmodern ist die sozialarbeiterische Profession nach dieser Sichtweise u. a. deshalb, weil sie auf Probleme reagiert, die aus der Modernisierung der Gesellschaft resultieren, die mithin deshalb entstehen, weil die Gesellschaft sich nach modernen Prinzipien entwickelt. Ein Beleg für diese These ist, dass sich die Soziale Arbeit zum Ende des 19. bzw. zu Beginn des 20. Jahrhunderts als eigenständige Profession herausgebildet hat. Zu dieser Zeit vollendete sich zum einen das, was wir moderne Gesellschaft nennen, zum anderen waren die Probleme der gesellschaftlichen Modernisierung mit den herkömmlichen (etwa politischen, religiösen oder familiären) Mitteln nicht mehr lösbar.

Als drei große Problemkategorien waren zu dieser Zeit sichtbar *erstens:* Phänomene der Massenarmut und -arbeitslosigkeit, die aus der Industrialisierung und Urbanisierung hervorgingen und auf die zwei Reaktionen beobachtbar waren: zum einen die staatliche Einführung der Kranken-, Renten- und Arbeitslosenversicherung durch Bismarck zum Ende des vorletzten Jahrhunderts und zum anderen die Bestrebungen der sozialdemokratischen, sozialistischen oder kommunistischen Bewegungen zur reformerischen bzw. revolutionären Überwindung der kapitalistischen Gesellschaftsordnung; *zweitens:* das Auseinanderreißen der familiären Bande bzw. das Zerbrechen der Großfamilie und das Entstehen der Kleinfamilie, insbesondere aufgrund der Anforderung der modernen kapitalistischen Gesellschaftsordnung an die Individuen, mobil und flexibel zu sein, um der Arbeit dorthin nachzuwandern, wo sie angeboten wird; und *drittens:* der, mit Friedrich Nietzsche gesprochen, Tod Gottes, also das Verebben von religiösen Glaubensvorstellungen, die Säkularisierung, und damit das Abschmelzen moralisch-religiöser Motivationen der Nächstenliebe bzw. gegenseitigen Hilfe.

Diese drei, freilich eng mit einander verwobenen Phänomene – also die Massenarmut und -arbeitslosigkeit durch Industrialisierung und Urbanisierung, die Entstehung der modernen Kleinfamilie und die Säkularisierung – führten dazu, dass die klassischen Systeme der Hilfe und Unterstützung, nämlich insbesondere die Kirchen und die Familie, an ihre Grenzen gerieten. Dies ebnete den Weg dafür, dass besonders engagierte Frauen aus der bürgerlichen Frauenbewegung (etwa Alice Salomon u. v. a.) die Notwendigkeit einer neuen Profession, der Sozialen Arbeit, sahen und den sozial helfenden Beruf etablierten. Dieser Beruf bzw. diese Profession unterscheidet sich durch unterschiedliche Merkmale von klassischen professionellen Berufen. Daher sollen drei spezifische Merkmale Sozialer Arbeit kurz angesprochen werden, die zugleich ihre Postmodernität zumindest ansatzweise deutlich machen können, nämlich *erstens* der Generalismus Sozialer Arbeit, *zweitens* die Position der Sozialen Arbeit zwischen Moderne und Postmoderne und *drittens* die sozialarbeiterische Ambivalenzlastigkeit.

2.1.1 Generalismus

Das Besondere der Sozialen Arbeit ist, dass sie auf die Probleme, die durch die Modernisierung der Gesellschaft entstehen, nicht mit modernen Mitteln reagieren kann. Denn diese Mittel, etwa die radikale Differenzierung und Spezialisierung des Lebens, können nicht jene Probleme lösen, die erst durch Differenzierung und Spezialisierung entstehen. Dies erkannte beispielsweise Alice Salomon (1998, S. 139 f.; Erstveröffentl.: 1928), als sie davon sprach, dass die Wohlfahrtspflege an der Einheit des Menschen, also ganzheitlich bzw. – wie wir heute sagen könnten – generalistisch ansetzt:

> »So notwendig es aber auch ist, die verschiedenen Erscheinungsformen der Not und ihre Ursachen deutlich zu erfassen, so vergewaltigt doch alle begriffliche Formulierung und Einteilung das Leben in seiner Einheit und Mannigfaltigkeit. Der Mensch, dem alle Wohlfahrtspflege gilt, ist ein unteilbares Wesen […]. Man kann seine wirtschaftlichen, geistig sittlichen und gesundheitlichen Bedürfnisse nicht voneinander lösen und als gesonderte Angelegenheiten betrachten. Der Notstand, in dem ein Mensch sich befindet, die soziale Schwierigkeit, die ihn trifft, hängen meist mit den verschiedenen Seiten seines Wesens zusammen. Die Ursachen der Not sind oft ebenso unlösbar miteinander verknüpft, wie die menschlichen Bedürfnisse es sind. Man kann die Wirtschaft eines Menschen nicht völlig von seiner Gesundheit und Bildung ablösen. Man kann seine Erziehung und Bildung nicht ohne Rücksicht auf berufliche

und wirtschaftliche Zwecke gestalten. Man kann seine Gesundheit nicht fördern, wenn es ihm an Einsicht und Willen, an geistigen und sittlichen Kräften fehlt und wenn die Wirtschaftslage eine gesunde Lebensweise zunichte macht. Darum ist *der Mensch in seiner Einheit Gegenstand der Wohlfahrtspflege*, nicht seine wirtschaftliche Lage oder seine Gesundheit oder seine Sittlichkeit« (Hervorh. im Orig.).

Aber die Einheit des Menschen ist, wie wir etwa von der luhmannschen Systemtheorie wissen (siehe grundlegend Luhmann 1984), unerfassbar und unbestimmbar, sie löst sich in den vielfältigen biologischen, psychischen und sozialen Kontexten in unterschiedlichste Fragmente auf. Denn je stärker wir versuchen, die Ganzheit des Menschen zu erfassen, »je weiter man ins Ganze ausgreift, umso mehr stößt man auf Diversität, Unordentlichkeit und Unfasslichkeit«, wie Wolfgang Welsch (1996, S. 658) formuliert. Daher ist auch das Wesen der Sozialen Arbeit nicht durch einen klar umrissenen Gegenstand zu markieren, es ist vielmehr durch einen bunten Flickenteppich unterschiedlichster Bezüge, Orientierungen und Aufgaben, mithin durch Patchwork, gekennzeichnet. Dieses Patchwork beeinflusst die sozialarbeiterische Identität, die wir uns als eine offene Identität vorstellen können. Soziale Arbeit, so könnten wir – vielleicht etwas provokativ – in Anlehnung an den Roman *Der Mann ohne Eigenschaften* von Robert Musil formulieren, ist eine *Profession ohne Eigenschaften* (vgl. Bardmann 1996; Kleve 2000), die sich mit allen möglichen Identitäten und Eigenschaften arrangieren muss, um zwischen diesen – je nach situativer bzw. kontextueller Brauchbarkeit – hin und her gehen zu können.

2.1.2 Zwischen Moderne und Postmoderne

Soziale Arbeit ist eine Profession, die zwar einerseits den Problemen der Modernisierung entspringt und die die Grenzen der Moderne in den Blick bringt, die aber andererseits mit einem Ideal der modernen Gesellschaft aufs Engste verbunden ist, das sich spätestens mit der Französischen Revolution etablierte: *mit dem Ideal der sozialen Gerechtigkeit*. Nach diesem Ideal sollen alle Bürgerinnen und Bürger so gleich und frei sein, dass sie potenziell an allen Systemen der Gesellschaft partizipieren können. Denn die Partizipation an den Systemen der Gesellschaft (etwa an dem Wirtschaftssystem, dem Bildungssystem, dem Gesundheitssystem, dem Rechtssystem etc.) ist Voraussetzung für biologische, psychische und soziale Reproduktionen jeder und jedes Einzelnen. Wenn diese Partizipation, die man soziologisch auch als *Inklusion* bezeichnen kann (vgl. Luhmann 1997), gefährdet oder bereits unmöglich ist, dann tritt Soziale Arbeit auf den Plan mit dem Ziel, die Chancen auf Inklusion wieder zu erhöhen und gegebenenfalls stellvertretend zu inkludieren (z. B. durch Gewährung von Unterstützungsleistungen, durch Bildungsangebote, Versorgung von Kranken und »Rechtlosen«). Die Soziale Arbeit steht also uneindeutig zwischen Moderne und Postmoderne; sie ist modern, weil sie aus dem modernen Ideal der sozialen Gerechtigkeit ihre Antriebskraft und Legitimation erhält, und sie ist postmodern, weil sie auf die Probleme reagiert, die in der Gesellschaft aufgrund der Modernisierung entstehen.

2.1.3 Ambivalenzlastigkeit

Soziale Arbeit ist eine äußerst ambivalente Profession, eine Profession also, die mit zahlreichen Uneindeutigkeiten, Widersprüchen und Paradoxien aufgeladen ist. Eine Ambivalenz stellt beispielsweise die gerade erwähnte Stellung der Sozialen Arbeit zwischen Moderne und Postmoderne dar. Die bekannteste Ambivalenz Sozialer Arbeit ist jedoch ihr doppeltes Mandat, sowohl helfen zu wollen als auch kontrollieren zu müssen. In der aktuellen Debatte des Sozialstaatsumbaus wird diese Ambivalenz von Hilfe und Kontrolle gemeinhin mit den Begriffen »Fördern und Fordern« umschrieben. Viele Ambivalenzen ergeben sich in der Sozialen Arbeit vor allem aus ihrer bereits beschriebenen generalistischen Orientierung, aus ihrer Ganzheitlichkeit. Diese Ganzheitlichkeit beschert ihr einen eher diffusen und uneindeutigen Zustandsbereich, sodass man von einer »diffusen Allzuständigkeit« (Thiersch 1992, 1993) Sozialer Arbeit sprechen kann.

Im Folgenden werde ich insbesondere das letzte Merkmal der postmodernen Konstitution Sozialer Arbeit, die sozialarbeiterische Ambivalenzlastigkeit, aufgreifen und auf die aktuelle Sozialstaatstransformation beziehen. Es soll nun also etwas vorgeführt werden, das im ersten Kapitel methodologisch reflektiert wurde: die Ambivalenzreflexion.

2.2 Steigerung der Ambivalenzlastigkeit

Die von Ambivalenzen geprägte Soziale Arbeit wird durch die aktuelle Transformation des Sozialstaates mit einer ihrer klassischen Ambivalenzen besonders stark konfrontiert, und zwar mit der Ambivalenz von Hilfe und Nichthilfe. Daher werde ich *erstens* zunächst diese Ambivalenz etwas deutlicher skizzieren. Des Weiteren soll *zweitens* die Ambivalenz von Lebensweltorientierung und Ökonomisierung herausgestrichen werden. Schließlich befasse ich mich *drittens* mit der Ambivalenz von individueller Eigenverantwortung und gesellschaftlicher Bedingtheit von sozialen Problemen.

2.2.1 Hilfe und Nichthilfe

Sozialarbeiterinnen und Sozialarbeiter haben es mit paradoxen Interaktionen und Beziehungen zwischen ihnen und ihren Klientinnen und Klienten zu tun. Denn sie beginnen eine Hilfe, um diese so schnell wie möglich wieder in Nichthilfe zu überführen. Diese Überführung, besser: Transformation kann freilich nur gelingen, wenn zuvor erfolgreich geholfen wurde, wenn die speziellen Ziele der Hilfe erreicht wurden. Aber zu Beginn einer jeden Hilfe steht als grundlegendes Ziel bereits fest, dass die Hilfe wieder in Nichthilfe übergehen soll. Nichts anderes bedeutet das klassische sozialarbeiterische Motto »Hilfe zur Selbsthilfe«. Gerade im Zuge der Sozialstaatstransformation, der leeren öffentlichen Kassen wird besonders ausdrücklich gefordert, dass Hilfen *effizient* zu sein haben, dass sie mit so wenig Aufwand (vor allem an Personal und Zeit) wie möglich ihr Ziel erreichen, dass sie also mit einem möglichst günstigen Verhältnis von eingesetzten personellen Mitteln und eingesetzter Zeit ihr Ziel erreichen; und dieses Ziel ist die (professionelle) Nichthilfe, also die Möglichkeit, dass die Klientinnen und Klienten sich wieder selber helfen können.

Allerdings lassen sich aufgrund der sozialstrukturellen Gegebenheiten Sozialer Arbeit systemische Widerstände gegen die effiziente Überführung von Hilfe in Nichthilfe erkennen. Wie alle sozialen Systeme sind auch die sozialarbeiterischen Interaktionen und Organisationen autopoietisch strukturiert. Das systemtheoretische Modell der *Autopoiesis* (siehe Luhmann 1984) macht u. a. die Selbsterhaltungstendenz von Systemen deutlich, also den Umstand, dass Systeme dazu tendieren, immer wieder erneut Operationen zu generieren, damit sie sich als autopoietische Systeme vollziehen und festigen können. Dieses Prinzip gilt freilich auch für die Soziale Arbeit. Da Soziale Arbeit als System abhängig von ihren Klientinnen und Klienten ist, tendiert sie dazu, die helfende Kommunikation auf Dauer zu stellen, also das oben genannte Ziel der Nichthilfe eher nicht zu erreichen, es immer wieder zu verfehlen. Daher liegt die systemische Gefahr der sozialarbeiterischen Interaktion und auch Organisation darin, dass eine einmal angelaufene Hilfe verstetigt wird und auch dort Hilfsbedürftigkeiten gesucht und definiert werden, wo vorher noch keine waren. Das System der Sozialen Arbeit ist ausgesprochen effizient darin, mögliche Defizite und neue Ansatzpunkte für Hilfe zu finden, um an diesen anzuschließen.

Reinhart Wolff (1990, S. 22) nennt dieses Phänomen das *zentrale Hilfeparadox* in der modernen Gesellschaft:

> »Hilfe stärkt nicht in jeder Hinsicht, sondern sie macht auch abhängig und schafft schiefe Ebenen. Insofern schwächen die vielfältig entwickelten Hilfesysteme in der modernen Gesellschaft möglicherweise die Kräfte, die sie stützen wollen.«

Demnach stärkt Hilfe nicht nur, emanzipiert nicht immer, führt nicht automatisch zur Selbsthilfe – im Gegenteil: Der systemischen Autopoiesis Sozialer Arbeit ist auch eine Dynamik eingeschrieben, die die Klientinnen und Klienten an das Hilfesystem bindet und die damit Abhängigkeiten schafft.

Gerade im Zuge der leeren öffentlichen Kassen und der Sozialstaatstransformation muss diese Dynamik ins Auge fallen und die Legitimation der Sozialen Arbeit infrage stellen. Denn es ist, wenn man sich einzelne Hilfeprozessverläufe anschaut, offensichtlich, dass die – zumeist mit den besten Intentionen der Sozialarbeiterinnen und Sozialarbeiter initiierten – helfenden Interaktionen solche Nebenfolgen zeitigen können, die dazu führen, die Klientinnen und Klienten in ihrer Hilfsbedürftigkeit und Abhängigkeit vom Hilfesystem und nicht in ihrer Selbsthilfefähigkeit, Unabhängigkeit und Eigenverantwortung zu stützen. Und dies kostet freilich Geld, führt zum personellen und zeitlichen Aufblähen von Hilfen und ihren Verläufen. Die Expansion der Sozialen Arbeit ist, so könnte hier geschlussfolgert werden, auch ein Effekt der geschilderten problematischen Ergebnisse der Autopoiesis Sozialer Arbeit.

An diesem Punkt stellt die Sozialstaatstransformation mit ihren Forderungen nach einer effektiven und effizienten selbsthilfeorientierten Sozialarbeit eine Chance dar, nämlich nach Möglichkeiten zu suchen, den autopoietischen Nebenfolgen der sozialarbeiterischen Interaktion und Organisation aus dem Wege zu gehen. Die Frage lautet an dieser Stelle: *Welche Konzepte hat die Soziale Arbeit zu bieten, um effiziente und effektive Transformationen von Hilfe in Nichthilfe zu erreichen?*

2.2.2 Lebensweltorientierung und Ökonomisierung

Sozialarbeiterinnen und Sozialarbeiter sind derzeit vor allem mit zwei sich widerstrebenden Anforderungen konfrontiert: mit der Lebensweltorientierung und der Ökonomisierung. Lebensweltorientierung ist spätestens seit Mitte der 1980er-Jahre das theoretische und methodische Strukturmerkmal der Sozialen Arbeit und meint im Sinne des Begründers dieser praktischen wie theoretischen Orientierung, Hans Thiersch (1993), dass sich Sozialarbeiterinnen und Sozialarbeiter auf die eigensinnigen lebensweltlichen Erfahrungen ihrer Adressaten einlassen, dass sie in ihrer Arbeit von diesen Erfahrungen ausgehen und sich auf diese beziehen. Damit reagiert eine lebensweltorientierte Soziale Arbeit auf die postmoderne Verwischung der Differenz von Norm und Abweichung. Jenseits klassischer Normalitätserwartungen, die sich aufgrund von Individualisierungs- und Pluralisierungstendenzen enorm vervielfältigen, ist das Geschäft der Sozialen Arbeit heute vor allem das kommunikative Aushandeln von Problemdefinitionen, von Hypothesen über die Problemursachen sowie von Zielen bezüglich der und von Handlungen zur Problemlösung.

Durch die Ökonomisierung werden demgegenüber betriebswirtschaftliche Konzepte in die Praxis hineingetragen. Angesichts der leeren öffentlichen Kassen wird die Soziale Arbeit mit ökonomischen Forderungen konfrontiert, die sich durch Leitgrößen wie Effektivität und Effizienz beschreiben lassen. Demnach sollen sozialarbeiterische Leistungen effektiv, d. h. zielwirksam sein. Sozialarbeiterinnen und Sozialarbeiter sind aufgefordert, dass sie das, was sie tun, an konkreten Zielvereinbarungen ausrichten, mit denen dann die tatsächlich erreichten Ergebnisse verglichen werden können. Nur eine Leistung, die keine bzw. eine nur geringe Differenz zwischen Zielen und Ergebnissen aufweist, ist somit effektiv. Effizient sollen die Leistungen dadurch sein, dass sie ein günstiges Verhältnis zwischen Aufwand und Nutzen ermöglichen. Mit anderen Worten, Soziale Arbeit soll bei so wenig Aufwand wie möglich einen maximalen Nutzen für alle Beteiligten erzielen. Der Aufwand wird finanziell durch die angefallenen Kosten etwa für den Einsatz von Personal und Zeit sowie für Sachmittel gemessen, während der Nutzen durch die Klientinnen und Klienten, die Auftrag- bzw. Geldgeber und die Hilfeleistenden einzuschätzen ist.

Wenn wir die skizzierte Lebensweltorientierung mit der knapp beschriebenen Ökonomisierung ins Verhältnis setzen, werden unterschiedliche Pole deutlich, zwischen denen Sozialarbeiterinnen und Sozialarbeiter heute stehen (s. Tab. 1).

Lebensweltorientierung	Ökonomisierung
kommunikative/diskursive Rationalität	instrumentelle/strategische Rationalität
Prozessorientierung: »Der Weg ist das Ziel!«	Ergebnisorientierung: »Das Ergebnis ist das Ziel!«
Akzeptanz von Unordnung, Chaos, Kontingenz, Unsicherheit	Primat von Ordnung und Eindeutigkeit
eher klientenorientiert	eher auftrags- bzw. geldgeberorientiert
Qualität	Quantität
Subjektivität	Objektivität

Tab. 1: Lebensweltorientierung und Ökonomisierung

Lebensweltorientierte Soziale Arbeit kann durch Bestimmungsmerkmale gekennzeichnet werden, die ihre Offenheit, ihre kommunikative und diskursive, ihre subjekt- und auf Qualität orientierte Struktur zum Ausdruck bringen, während die sozialarbeiterische Ökonomisierung eher durch instrumentelles, strategisches, ergebnisorientiertes Denken geprägt ist, das vor allem die finanzielle Quantität der Auftrags- und Geldgeberperspektive objektiv in den Blick zu bringen versucht. Schließlich könnten wir sagen, dass Lebensweltorientierung prozesshaft davon ausgeht, dass der Weg das Ziel ist. Im Gegensatz dazu postuliert die Ökonomisierung: Das Ziel ist das kostengünstig erbrachte Ergebnis.

Die Frage, die sich hier stellt, ist: *Welche Methoden und Strategien können Sozialarbeiterinnen und Sozialarbeiter einsetzen, um mit der Ambivalenz von Lebensweltorientierung und Ökonomisierung umzugehen?*

2.2.3 Eigenverantwortung und gesellschaftliche Verursachung

Der derzeitige Zustand des Sozialstaates und die ökonomische Situation, in der wir uns gerade befinden, sind mit vielfältigen strukturellen Dynamiken verbunden, auf die einzelne Individuen nur begrenzten Einfluss haben.

Roland Merten und Albert Scherr (2004, S. 7 f.) bewerten als Ursachen für die derzeitigen Entwicklungen »die Erfolge privatkapitalistischer Strategien, die die nationalstaatlichen Ressourcen wohlfahrtsstaatlicher Arrangements zwar nicht haben versiegen, aber doch erheblich erodieren lassen«: Strukturelle Massenarbeitslosigkeit – einerseits Folge erfolgreicher Modernisierung und Rationalisierung von Produktionsprozessen, andererseits resultierend aus der Abwanderung von Wirtschaftsunternehmen in Länder, in denen Menschen zu niedrigen Löhnen arbeiten – »führt in Verbindung mit der Erosion der Normalarbeitsverhältnisse, der Verlängerung der Ausbildungszeiten und dem zunehmenden Einbezug von Frauen in die Erwerbsarbeit dazu, dass der Bedarf an sozialstaatlichen Leistungen steigt. Zugleich wird es schwieriger, die mit den sozialstaatlichen Leistungen verbundenen Ausgaben durch steigende Steuereinnahmen zu finanzieren.« Denn mit der Zunahme der Arbeitslosigkeit und der Abwanderung von Unternehmen in Billiglohnländer sinken zugleich die staatlichen Steuereinnahmen, die die Grundlage für das sozialstaatliche Sicherungssystem und die Finanzierung der Sozialen Arbeit sind.

Wir erleben seit einigen Jahren zwei eng miteinander verflochtene Phänomene: zum einen die ökonomischen Prozesse von Rationalisierung und Modernisierung sowie von Unternehmensabwanderungen in Billiglohnländer, die schließlich zur Zunahme von Arbeitslosigkeit und mittel- bis langfristig zum Anwachsen von einkommensarmen Bürgerinnen und Bürgern führen; zum anderen die Haushaltslöcher in den öffentlichen Kassen, die entstehen aufgrund des geringer werdenden Steueraufkommens und der Zunahme von Menschen, die auf öffentliche Sozialleistungen angewiesen sind. Während in den ersten 30 bis 40 Jahren des westdeutschen Sozialstaates die Bürgerinnen und Bürger, die auf Arbeitslosengeld und -hilfe sowie auf Sozialhilfe angewiesen waren, noch als Randgruppen bezeichnet werden konnten, sind – so können wir mit Merten und Scherr (2004, S. 9) konstatieren – »die ehemaligen Randgruppen [...] in einer Weise angewachsen, die dazu geführt hat, dass dieser Terminus untauglich geworden ist.« Diese Diagnose wird alltäglich in den Zeitungen bestätigt. »Was wächst, ist die Armut«, schreibt die *taz* vom 20.9.2004 (S. 2), das gehe aus dem neuen Armutsbericht hervor; 2003 »galten 13 Prozent der Bevölkerung als arm, ein Jahr zuvor waren es noch 12,7 Prozent; 2003 lebten 1,08 Millionen Kinder von Sozialhilfe« (ebd.); Ende 2001 waren es noch knapp eine Million (vgl. Merten u. Scheer 2004, S. 9).

Aufgrund unterschiedlicher struktureller, insbesondere ökonomischer Dynamiken mit sozialpolitischen Folgen verändern sich derzeit die gesellschaftlichen Rahmenbedingungen der Individuen. Die in Jahrzehnten des Sozialstaatsausbaus realisierte soziale Absicherung von Menschen, die in den Strudel der ökonomischen Veränderungen hineingeraten und beispielsweise arbeitslos werden, steht inzwischen grundsätzlich infrage. Damit werden die Lasten der gesellschaftlichen Veränderungen wieder verstärkt auf die Individuen geschoben.

> »Obgleich die Marginalisierung eines zunehmend größer werdenden Teils der Bevölkerung erkennbar aus gesellschaftlichen Verursachungszusammenhängen resultiert, laufen die aktuellen sozialpolitischen Steuerungsüberlegungen in Richtung einer personalen Zurechnung und Bearbeitung der aus der Marginalisierung resultierenden individuellen Belastungen. Strukturprobleme sollen durch individuelle Anstrengungen gelöst werden« (ebd.).

Die von Arbeitslosigkeit und Armut betroffenen Menschen werden in die Verantwortung genommen, sie sollen ihre Situation nicht aus einer Opferperspektive betrachten, sondern ihre Fähigkeiten und Stärken, kurz: Ressourcen erkennen, um sich aktiv aus der aktuellen Rolle der Bedürftigen zu befreien. Paradox an dieser Situation ist, dass von sozialpolitischer, von staatlicher Seite, auch von den öffentlichen Stellen Sozialer Arbeit inzwischen etwas von den Bürgerinnen und Bürgern erwartet wird, das Ende der 1960er-Jahre von nichtstaatlichen Reformbewegungen gefordert wurde, wofür diese Bewegungen kämpften, nämlich eigenverantwortliches und selbst bestimmtes Handeln (vgl. Honneth 2002; Mührel 2003). Das, was engagierte Leute einstmals dem Staat abzutrotzen versuchten, die selbstverantwortliche Gestaltung ihrer Lebenswelten, verschreibt der Staat inzwischen den Menschen als Therapie, um die Verschuldung der Kommunen, der Länder und des Bundes zu kurieren.

Die Frage, die sich an diesem Punkt ergibt, ist: *Wie kann die Soziale Arbeit in ihrer Praxis, etwa methodisch, mit dieser Ambivalenz von gesellschaftlicher Verursachung sozialer Probleme und der individuellen Verantwortungszuschreibung konstruktiv umgehen?*

Schließlich soll jetzt versucht werden, methodische Antworten auf die aus den konstatierten drei Ambivalenzen sich ergebenden Fragen zu finden. Die These ist, *dass das methodische Konzept des systemischen Case Management konstruktiv und erfolgreich mit den genannten Ambivalenzen umzugehen erlaubt.*

2.3 Eine methodische Antwort: Das systemische Case Management

Inzwischen gibt es einige methodische Ansätze und praktische Konzepte, die die Sozialstaatstransformation zwar kritisch und abwartend betrachten, aber zugleich auch als mögliche Herausforderung dafür verstehen, die Professionalität der Sozialen Arbeit auszubauen. Ein derzeit in der Jugendhilfe heiß diskutiertes und – wie ich meine – vielversprechendes Konzept ist die, ausgehend von der klassischen Gemeinwesenarbeit, favorisierte *Sozialraumorientierung* (siehe ausführlich Kapitel 6.). Nach dieser aktuellen Form von Gemeinwesenarbeit soll die unmittelbare Fallarbeit zugunsten einer Arbeit in sozialen Feldern minimiert werden. Bürgerinnen und Bürger sollen bei der Gestaltung ihrer Lebenswelten durch Aktivierung von sozialräumlichen Ressourcen so unterstützt werden, dass sie bestenfalls niemals zu Fällen Sozialer Arbeit werden. Aber auch in der Fallarbeit werden Konzepte diskutiert, die das versuchen, was von vielen Kritikerinnen und Kritikern der aktuellen Entwicklungen für unmöglich gehalten wird: die Effektivität, also die Zielwirksamkeit, der Sozialen Arbeit zu erhöhen bei gleichzeitiger Kostenersparnis, mithin die Soziale Arbeit effizienter zu gestalten.

Eine Möglichkeit, mit der dies ebenfalls angestrebt wird, ist das systemische Case Management. Systemisches Case Management (vgl. Kleve, Haye, Hampe-Grosser u. Müller 2006) verknüpft die klassische sozialarbeiterische Methode des Case Management (siehe etwa Wendt 1997) mit neueren Ansätzen systemisch-lösungsorientierter Beratungsverfahren (siehe für die Sozialarbeit etwa Pfeifer-Schaupp 2002; Hosemann u. Geiling 2005, S. 152 ff.). Da an dieser Stelle nicht der Platz ist, um auf spezifische Einzelheiten und Phasenmodelle dieser Methode einzugehen (siehe eingehender dazu Kapitel 5), will ich lediglich einige Bestimmungsmerkmale des systemischen Case Management skizzieren, um davon ausgehend die im letzten Abschnitt gestellten Fragen einer Antwort näher zu bringen.

Das *Ziel* des systemischen Case Management ist es, die Möglichkeiten der Hilfe zur Selbsthilfe auszunutzen und auszubauen – *erstens:* durch die verstärkte Aktivierung von informellen, privaten bzw. lebensweltlichen Hilfe- und Unterstützungsmöglichkeiten sowie Ressourcen der Klientinnen und Klienten; *zweitens:* durch die Vermittlung, Verschränkung bzw. Koordination von informellen (nicht professionellen) und formellen (professionellen) Hilfen; *drittens:* durch eine zentrale Koordination aller notwendigen Hilfen in einem Fall; und *viertens:* durch Veränderungen der Organisationsweise Sozialer Arbeit (siehe dazu eingehend Abschnitt 5.4.6 und 6.2). Die *Verfahrensweise* des systemischen Case Management bietet ein Phasenmodell, das nach den sechs Schritten der helfenden Kommunikation (vgl. Kleve et al.

2006, S. 103 ff.) vorgeht: Kontextualisierung (Geno- bzw. Soziogramm, Netzwerkkarte, Übersicht über die beteiligten Helfersysteme, Klärung der Erwartungen und Aufträge), Problem- und Ressourcenanalyse, Hypothesenbildung, Zielaushandlung, Handlungsplanung, Evaluation.

Systemisches Case Management intendiert mithilfe der drei beschriebenen Prozesse und des genannten Phasenmodells eine Steigerung der Zielwirksamkeit (Effektivität) und eine Erhöhung der Effizienz der Fallarbeit. Wenn das systemische Case Management so wirkt, wie es theoretisch konzeptionalisiert ist, dann sollen sich hinsichtlich der Zielwirksamkeit vor allem eine verstärkte Selbsthilfeorientierung der Klientinnen und Klienten einstellen. *Genau dadurch wird es möglich, die negativen, nichtintendierten Effekte der beschriebenen sozialarbeiterischen Ambivalenz von Hilfe und Nichthilfe auszuhebeln bzw. zu minimieren, d. h., es kann schneller von professioneller Hilfe in Richtung Nichthilfe bzw. Selbsthilfe gewechselt werden.*

Hinsichtlich der Wirtschaftlichkeit soll sich eine Verringerung des professionellen Personals und eine Reduzierung der professionellen Hilfezeiträume ergeben, und zwar vor allem durch die Aktivierung klienteneigener informeller Ressourcen und lebensweltlicher Netzwerke. Dies ist jedoch nur möglich, wenn das systemische Case Management die Klientinnen und Klienten hinsichtlich ihrer Ziele und besonders bezüglich ihrer Ressourcen, Fähigkeiten und Kenntnisse ernst nimmt und zu verstehen versucht. Es geht darum, dort anzusetzen, wo die Klientinnen und Klienten sich befinden, und keine Haltung des professionellen Besserwissens einzunehmen, die vorgibt zu wissen, was das Richtige und Beste für die Klientinnen und Klienten ist. *An diesem Punkt korrelieren Lebensweltorientierung und Ökonomisierung,* und es kommt zu einer konstruktiven Vermittlung der beschriebenen Ambivalenz dieser beiden Orientierungen.

Schließlich wäre die hier relevante Variante von Case Management nicht systemisch, wenn sie nicht die Unvorhersehbarkeit und Begrenztheit von individuellen Handlungsfolgen im Kontext autopoietischer Systeme beachten würde (siehe ausführlicher dazu ebenfalls Kapitel 5). Systemisches Case Management kommt nicht umhin, im Sinne der postmodernen Ironie zu agieren, einerseits alles Mögliche dafür zu tun, zielwirksam und wirtschaftlich zu handeln, sodass die Klientinnen und Klienten das erreichen können, was sie in Absprache mit den Professionellen und den Geld- und Auftraggebern wollen, aber andererseits gleichzeitig zu wissen, dass es höchst unwahrscheinlich ist, dass das Geplante und vielleicht auch vertraglich Geregelte so eintritt wie erwartet. Oft kommt es anders, als gedacht, gesprochen oder ausgehandelt wurde. Dennoch bleibt den Sozialarbeiterinnen und Sozialarbeitern nichts anderes übrig, als die Klientinnen und Klienten sowie die Auftrag- und Geldgeber bei dem Glauben und der Hoffnung zu unterstützen, dass sie in der Lage sind, ihre Ziele zu erreichen, auch wenn die gesellschaftlichen Kontextbedingungen dagegen sprechen.

Sozialarbeiterinnen und Sozialarbeiter verhalten sich den Klientinnen und Klienten sowie den Auftrag- und Geldgebern gegenüber so, *als ob* sie etwas könnten, das aus systemtheoretischer Sicht höchst unwahrscheinlich ist: *planvoll* effektiv und effizient zu helfen. Ronny Lindner (2004) bezeichnet diese notwendige und unausweichliche Als-ob-Strategie ironisch als Mogelei (siehe weiterführend dazu Kapitel 5.4.2); und Jan Kruse (2004) ist überzeugt davon, dass die Soziale Arbeit aufgrund ihrer ambivalenten und unvorhersehbaren Dynamiken ökonomische Effektivität und Effizienz kaum realisieren, sondern lediglich simulieren kann. *Genau diese postmoderne Ironie, etwas zu versuchen, was immer auch zum Scheitern verurteilt sein kann, was Mogeleien und Simulationen notwendig macht, gerät im systemischen Case Management angesichts der Ambivalenz von gesellschaftlicher Verursachung von sozialen Problemen und der individuellen Verantwortungsübernahme in den Blick.* Zwar sind die gesellschaftlichen Strukturdynamiken, die die sozialen Probleme der Menschen verursachen, nicht zielgerichtet individuell determinierbar, ohne den Versuch jedoch, die Verantwortung für die eigenen Geschicke, die eigenen Ziele und Handlungen auch im Strudel übermächtiger gesellschaftlicher Strukturen zu übernehmen, bleibt jede Veränderung Utopie.

Freilich kann das systemische Case Management keine Wundermethode sein, aber es kann aus den Erfahrungen der praktischen Sozialarbeit und den Ergebnissen intensiver systemischer Theoriearbeit schöpfen und trotz Abbau des Sozialstaates versuchen, hilfsbedürftige Bürgerinnen und Bürger so zu stärken, dass sie ihre Belange wieder in die eigenen Hände nehmen können. Oftmals besteht die Kunst vor allem darin, Hilfeprozesse so zu gestalten, dass die Menschen in ihrer (natürlichen) Eigeninitiative und Aktivität nicht eingeschränkt und gehemmt, sondern ermutigt, gestützt und sensibel begleitet werden. Die Frage, wie dies methodisch geschehen kann, wird tagtäglich in den hochprofessionellen Praxen vieler Sozialarbeiterinnen und Sozialarbeiter beantwortet.

3. Ambivalenzmanagement in der postmodernen Sozialarbeit – Vom Dilemma zum Tetralemma

Im Folgenden wird der Versuch unternommen, die Ambivalenzreflexion, die im ersten Kapitel grundsätzlich und im zweiten exemplarisch erläutert wurde, als zentrale Methode der postmodernen Sozialarbeitswissenschaft weiter auszubauen. So geht es darum, nicht bei einer ersten Dekonstruktion stehen zu bleiben und Ambivalenzen lediglich zu reflektieren, sondern eine zweite Dekonstruktion anzuschließen, die die Ambivalenzen transformiert: in dritte Wege jenseits des Gegensätzlichen, aber auch jenseits des Ausblendens von Uneindeutigkeit. Vielmehr wird in Mehrdeutigkeiten hineingesprungen, sie werden als Motoren für die Konstruktion von neuen Handlungsoptionen genutzt.

Ausgangspunkte

Mit dem Projekt einer postmodernen Theorie der Sozialen Arbeit wird der Versuch unternommen – wie bereits in den ersten beiden Kapiteln ausgeführt wurde –, ein zentrales Merkmal der sozialarbeiterischen Praxis durch die sozialarbeitswissenschaftliche Reflexion hervorzuholen: die *Ambivalenzlastigkeit.* Soziale Arbeit ist seit ihrer Ausdifferenzierung als Profession zum Ende des 19. bzw. zum Beginn des 20. Jahrhunderts eine Praxis, die mit zahlreichen strukturellen Ambivalenzen einhergeht. Derartige Ambivalenzen lassen sich als widersprüchliche soziale Handlungsstrukturen bzw. als gegensätzliche soziale Erwartungen, als Dilemmata beobachten und lösen bei den praktizierenden Sozialarbeiterinnen und Sozialarbeitern oft ambivalente Unentscheidbarkeiten, Gefühle des Hin- und Hergerissenseins aus. Sozialarbeiterinnen und Sozialarbeiter stehen, anders gesagt, zwischen vielen unterschiedlichen Stühlen und sind diesbezüglich aufgefordert, soziale Erwartungen zu erfüllen, die äußerst gegensätzlich, ja widersprüchlich sind.

Dilemmata bzw. Strukturambivalenzen Sozialer Arbeit sollen in diesem Kapitel jedoch nicht reflektiert werden (siehe dazu exemplarisch Kapitel 2), vielmehr wird gefragt, wie Sozialarbeiterinnen und Sozialarbeiter Ambivalenzen konstruktiv managen können. Bisher war die Ambivalenzreflexion vor allem das Ziel meines Theoretisierens. Jetzt wird gefragt, *wie Ambivalenzen konstruktiv gemanagt werden können.* Dazu muss jedoch zunächst einmal anerkannt werden, dass Ambivalenzen zentrale Strukturmerkmale der Praxis – nicht nur jener der Sozialen Arbeit – sind. Obwohl mit der Etablierung der modernen, der funktional differenzierten Gesellschaft (vgl. etwa Fuchs 1992) »die Ambivalenz der Ereignisse und Prozesse zunimmt« (Kamper 1999, S. 101), werden »Dekonstruktionsprozesse demgegenüber immer seltener durchgeführt [...] bzw. [...] versagen (immer öfter). Stattdessen werden Reduktionen vorgenommen, die eine unerträgliche Uneindeutigkeit wiederum eindeutig machen sollen« (ebd.). In der Sozialen Arbeit wird dies sichtbar durch die nach wie vor anhaltende Suche nach einer eindeutigen und klaren Identität. Die Verhältnisse in der Sozialen Arbeit sind jedoch so uneindeutig, plural, hybrid, kurz: ambivalent, dass es darum gehen müsste, das klassische Identitätskonzept als obsolet abzulehnen und postmoderne, offene, sich kontextuell immer wieder verändernde Selbstbeschreibungen anzufertigen (siehe die in diese Richtung gehenden Studien von Kruse 2003 und Harmsen 2004).

In diesem Kontext der Suche nach postmodernen Alternativen angesichts des modernen Desasters der Eindeutigkeit(ssuche) besteht der erste Schritt zunächst darin, unterschiedliche sozialarbeiterische Ambivalenzen zu benennen und zu beschreiben und davor zu warnen, diese Dilemmata im modernen Stile zu Eindeutigkeiten zu machen. Vielmehr kann die postmoderne Forderung vertreten werden, dass es in der heutigen Zeit darum gehen müsste, mit Ambivalenzen zu leben (vgl. Bauman 1991), sie als Motoren von Prozessen der Kreativitäts- und Möglichkeitserzeugung zu nutzen. Denn die Postmoderne – verstanden als eine Gemüts- und Geisteshaltung (vgl. Lyotard 1981) – zeichnet sich dadurch aus, dass sie anerkennt, dass wir in wichtigen Fragen keine eindeutigen Antworten mehr generieren können, dass »es unmöglich geworden (ist) zu behaupten, dass ein Sachverhalt entweder falsch oder richtig ist« (Kamper 1999, S. 104). Vielmehr scheint heute keine »Wirklichkeitsbeschreibung tragfähig (zu sein), die nicht zugleich die Plausibilität der Gegenthese verfolgt« (Welsch 1990, S. 192).

Diese (postmoderne) Dekonstruktion der modernen Eindeutigkeitsbestrebungen in Richtung Ambivalenz mag wissenschaftlich zunächst ausreichend sein, da sie die Komplexität erhöht und neue Beschreibungen ermöglicht, sie ist aber hinsichtlich der Praxis unbefriedigend; denn sie offeriert noch keine Handlungsmöglichkeiten angesichts der strikten Ambivalenz der beobachteten Phänomene. Die Frage, die hier gestellt wird, soll daher lauten: *Welche Methoden lassen sich dafür finden, konstruktiv und kreativ mit Ambivalenzen umzugehen,* z. B. mit jenen, die im letzten Kapitel beschrieben wurden? Die drei genannten Ambivalenzen (Hilfe und Nichthilfe, Lebensweltorientierung und Ökonomisierung, Eigenverantwortung und gesellschaftliche Verursachung sozialer Probleme) dürften praktisch tätigen Sozialarbeiterinnen und Sozialarbeitern in dieser oder in ähnlicher Form bekannt vorkommen. Die Frage ist allerdings, wie Praktiker mit diesen Ambivalenzen, die sie in Dilemmasituationen stoßen können, umgehen. Sicherlich lassen sich vielfältige praktische Strategien dafür finden, innerhalb dieser Dilemmata konstruktiv zu agieren oder mit ihnen – vielleicht mehr schlecht als recht – zu leben, z. B. das bereits skizzierte Handlungskonzept des systemischen Case Management (siehe Abschnitt 2.2.3). Im Folgenden soll es darum gehen, eine Möglichkeit des Ambivalenzmanagements vorzustellen, die noch vor dem Einsatz konkreter Handlungsmethoden und -konzepte einsetzbar ist und die den Anspruch erhebt, zugleich akzeptierend und transformierend mit Widersprüchen umzugehen. Es handelt sich dabei um die Idee des Tetralemmas und, noch spezifischer: um die Methode der Tetralemmawanderung, die im Anschluss an Arbeiten von Matthias Varga von Kibéd und Insa Sparrer (2005) sowie ferner von Dirk Baecker (2002, S. 9 ff.) und Fritz B. Simon (2001, S. 23 ff.) vorgestellt wird.

3.1 Das Tetralemma

Das Tetralemma stellt aus der postmodernen Theorieperspektive eine zweite Dekonstruktion dar. Die *erste Dekonstruktion* besteht darin, die vermeintlichen, zumeist theoretisch hergestellten Eindeutigkeiten hinsichtlich ihrer ausgeblendeten Pole zu hinterfragen, sodass die Unbestimmtheiten, die Ambivalenzen der Phänomene wieder in den Blick geraten. Eine solche ambivalenzreflexive Dekonstruktion verdeutlicht etwa, dass Soziale Arbeit eben nicht nur Hilfe bedeutet, sondern auch Nichthilfe; dass Soziale Arbeit eben nicht nur lebensweltorientiert agiert, sondern immer stärker auch ökonomisch strukturiert ist; dass Soziale Arbeit mit zwei gegensätzlichen Tendenzen zu tun hat, und zwar damit, zu spüren, wie eigendynamisch gesellschaftliche Strukturen uns entgegentreten und wie Menschen, die diesen Strukturen mehr und mehr ausgeliefert sind, die Verantwortung für ihr Handeln und seine Folgen in diesem Kontext übernehmen sollen.

Mit Dietmar Kamper (1999, S. 102) – anhand weiterer Beispiele – formuliert, schafft es die erste Dekonstruktion also, die strikte Ambivalenz zu offenbaren, dass beispielsweise heutzutage »das Wissen und das Nichtwissen ins Parallele zunehmen und dass das Wissen dieses Verhältnisses unerträglich ist; dass sowohl das Nichthandeln als auch das Handeln ans Verbrechen grenzt; dass das Glauben und das Nichtglauben ununterscheidbar werden; und dass in Angelegenheiten des Herzens nichts so sicher ist wie die radikale Unsicherheit.«

Die *zweite Dekonstruktion* wäre die weiterführende »stringente Dekonstruktion« (ebd., S. 101), d. h. »die Auflösung der strikten Ambivalenz« (ebd.) – ohne dass man jedoch bei einer vereinfachten Eindeutigkeit, bei der Ausblendung von Polen der Ambivalenz landet. Eine solche Dekonstruktion geht *erstens* von dem Wissen aus, dass »die Geschichte des Entweder-oder zu Ende ist und dass in einer Phase des Übergangs der Ruck vom Sowohl-als-auch zum Weder-noch geleistet werden muss« (ebd.). *Zweitens* interessiert sich eine solche Dekonstruktion für die verborgenen Werte jenseits der beiden Pole einer Ambivalenz, sozusagen für die »dritten Wege«. Diese zweite Dekonstruktion ist das »Hören auf die Wiederkehr des ausgeschlossenen Dritten« (ebd., S. 107). Wie kann eine solche Dekonstruktion nun gelingen?

Die Antwort ist (mit der Idee des Tetralemmas):

> »Das Tetralemma ([...] ›vier Ecken‹ im Sinne von vier Positionen oder Standpunkten) ist eine Struktur aus der traditionellen indischen Logik zur Kategorisierung von Haltungen und Standpunkten. Sie wurde im Rechtswesen verwendet zur Kategorisierung der möglichen Standpunkte, die ein Richter zu einem Streitfall zwischen zwei Parteien einnehmen kann. Er kann der einen Partei Recht geben oder der anderen Partei oder beiden (jeder hat Recht) oder keiner von beiden. Diese vier Positionen wurden von buddhistischen Logikern [...] um die Negation des Tetralemmas (die so genannte vierfache Negation [... und auch dies nicht – und selbst das nicht!; H. K.]) erweitert« (Varga von Kibéd u. Sparrer 2005, S. 77).

In einem Tetralemma wird deutlich, dass sich Ambivalenzen bzw. Dilemmasituationen genau genommen nicht (nur) aus zwei möglichen Positionen zusammensetzen, sondern mindestens aus vier, eigentlich aus fünf Positionen: der *ersten* Position; der *zweiten* Position als Gegenposition zur ersten; der *dritten* Position als Position, in der die erste und die zweite Position, also beide primären Positionen, vereint werden (Sowohl-als-auch); der *vierten* Position, in der weder die erste noch die zweite Position, also keine von beiden, eingenommen wird (Weder-noch); sowie der *fünften* Position, in der zunächst alle bis dahin eingenommenen Positionen negiert werden, indem etwas ganz anderes in den Blick genommen wird und in der sodann selbst dieses wiederum infrage gestellt, ja negiert wird (... und auch dies nicht, und selbst das nicht!).

Um aus der strikten Ambivalenz herauszukommen, so kann bereits an dieser Stelle deutlich werden, eignet sich ein Tetralemma in idealer Weise. Denn nun kann nicht nur die Identität (etwa der Sozialen Arbeit) durch die Explizierung von Ambivalenzen (etwa von Hilfe und Nichthilfe, Lebensweltorientierung und Ökonomisierung, Eigenverantwortung und gesellschaftliche Bedingtheit von sozialen Problemen) dekonstruiert werden, sondern diese Ambivalenzen selbst können durch das Tetralemma einer Dekonstruktion anheim fallen. Allerdings sollte das Tetralemma als ein Prozessschema betrachtet werden.

> Denn »wir haben die vier Positionen nicht von vornherein, sondern lernen sie erst beim Durchgehen des Tetralemmas kennen. Streng genommen bilden sie sich erst ganz aus, während wir und durch die Art, wie wir das Schema durchlaufen. Das Tetralemma ist also eine Landschaft, die sich ändert, während wir sie durchwandern, und dadurch, dass wir das tun« (Varga von Kibéd u. Sparrer 2005, S. 87).

Das Tetralemma
1. Das eine bzw. die eine Position
2. Das andere bzw. die andere Position
3. Beides bzw. sowohl die eine als auch die andere Position
4. Keines von beiden bzw. weder die eine noch die andere Position
5. Die Negation aller Positionen und auch die Negation der Position, die alle Positionen negiert bzw. ... und auch dies nicht, und selbst das nicht

Tab. 2: Das Tetralemma

3.2 Die Tetralemmawanderung

Wie lässt sich nun das Tetralemma durchwandern? Wie lassen sich angesichts ambivalenter Dilemmasituationen Tetralemmawanderungen vollziehen? Diese Fragen sollen zunächst theoretisch und schließlich exemplarisch anhand der sozialarbeiterischen Ambivalenz von Hilfe und Nichthilfe beantwortet werden.

Zunächst muss klar sein, um welche Ambivalenz, welches Dilemma, welchen Widerspruch es sich handelt, um welche beiden Pole es geht. Sodann wird der eine Pol als *das eine* und der andere Pol als *das andere* bezeichnet und mit Beschreibungen angereichert. Zu dem Zweck, die Position *beides* (Sowohl-als-auch) einzunehmen, wird nach übersehenen Vereinbarkeiten gefragt. Dazu eignen sich insbesondere Fragen nach möglichen Scheingegensätzen, Kontexttrennungen und paradoxen Verbindungen:

Beides bzw. Sowohl-als-auch ...

- *Scheingegensatz I:* Sind die gegensätzlichen Standpunkte möglicherweise auf einer anderen Betrachtungsebene bzw. aus einer bestimmten Perspektive vereinbar?
- *Scheingegensatz II:* Gibt es (weitere) übersehene Gemeinsamkeiten, die das eine und das andere miteinander verbinden?
- *Kontexttrennung:* Sind das eine und das andere möglicherweise zeitlich nacheinander oder räumlich nebeneinander vereinbar?
- *Paradoxe Verbindung:* Stehen das eine und das andere möglicherweise in einem sich gegenseitig bedingenden Verhältnis zueinander, indem das eine das andere voraussetzt – und umgekehrt?

Der nächste Schritt der Wanderung führt zum Standpunkt *keines von beiden* (Weder-noch); hier kann nach übersehenen Kontexten gefragt werden.

Keines von beiden bzw. Weder-noch

- *Vergangener Kontext:* Wann entstand der Gegensatz und wodurch? Was steht dahinter? Wodurch wurde der Gegensatz zu einer wichtigen Frage?
- *Gegenwärtiger Kontext:* In welchen Situationen (Kontexten) taucht der Gegensatz auf, und in welchen Situationen (Kontexten) spielt er keine Rolle?

- *Ausgeblendete Kontexte:* Was ist wann und wo außerhalb des Gegensatzes wichtig?
- *Zukünftiger Kontext:* Angenommen, der Gegensatz spielt keine Rolle mehr, worum wird bzw. könnte es dann gehen?

Sodann führt die Wanderung durch das Tetralemma zur fünften Position: ... *und auch dies nicht – und selbst das nicht!* Diese Position stellt eine Negation der vier anderen Positionen (das eine, das andere, beides, keines von beiden) dar (... und auch dies nicht) und negiert selbst diese Negation (– und selbst das nicht!). Hier geht es also darum, jenseits aller bisherigen Fragen nach möglichen Betrachtungen zu schauen und selbst diese Betrachtungen zu unterlaufen, sodass beispielsweise folgende Fragen möglich sind, mit denen dieser Standpunkt bezogen werden kann, der genau genommen ein doppelter Nichtstandpunkt ist:

... und auch dies nicht – und selbst das nicht! bzw. die Negation des Tetralemmas und die Negation der Tetralemmanegation

- Was wurde bisher noch nicht gesagt oder bemerkt?
- Gibt es noch etwas ganz anderes Bedeutungsvolles?
- Angenommen, XY hätte die bisherige Tetralemmawanderung beobachtet, was würde sie oder er sagen?
- Lassen sich Situationen denken, in denen das Dilemma bzw. die Ambivalenz zum Lachen führt? Wenn ja, welche? Was würde das verändern?
- Wie gelingt angesichts der durch die Tetralemmawanderung enorm angereicherten Komplexität der Sprung zum Handeln?

Nach dem Durchschreiten der fünften Position ist die Wanderung jedoch noch nicht zu Ende. Denn nun folgt ein erneutes Betreten der einzelnen Positionen – ausgehend von der Frage, ob sich in der Beobachtung (Beschreibung, Erklärung, Bewertung) irgendetwas verändert hat. Daher kann nun nach dem Neuen gesucht werden, das die erste Tetralemmawanderung bestenfalls produziert hat:

- Was entsteht an Ideen, Gedanken, Gefühlen und Körperempfindungen bei einem erneuten Hineinversetzen in: das eine und in das andere? Was hat sich verändert?

- Was entsteht an Ideen, Gedanken, Gefühlen und Körperempfindungen bei einem Kontakt aus der Position des einen mit dem anderen – und umgekehrt?
- Was entsteht an Ideen, Gedanken, Gefühlen und Körperempfindungen beim erneuten Durchgang durch die nächsten Positionen und bei jeweiliger Aufnahme des Kontakts mit den anderen Positionen?

Mit dem Zweck, zu zeigen, wie man sich eine Tetralemmawanderung vorstellen kann, soll nun anhand der Ambivalenz von Hilfe und Nichthilfe eine stringente Dekonstruktion versucht werden, die Wege jenseits des Gegensätzlichen, aber auch jenseits der einfachen Vereinseitigung der Ambivalenz zu finden ermöglicht.

3.3 Exemplarische Tetralemmawanderung: Hilfe und Nichthilfe

Das eine dieser Ambivalenz, die Hilfe, steht dem anderen, der Nichthilfe, gegenüber. In der Regel ist in der Sozialen Arbeit Hilfe positiv besetzt und Nichthilfe negativ. Denn Soziale Arbeit helfe gerade deshalb, weil Personen sich nicht (mehr) selbst helfen können und weil andere in diesen Situationen nicht helfen (können). In diesem Sinne kompensiert Soziale Arbeit die Defizite, die Menschen hinsichtlich ihrer Möglichkeiten der Selbsthilfe und der Fremdhilfe erfahren. Deutlich ist aber zugleich, dass Soziale Arbeit ihre Hilfe nicht auf Dauer stellen soll, sondern dass sie hilft, damit sie in absehbarer Zeit nicht mehr helfen muss. Ihr Ziel ist die Selbsthilfe der Klientinnen und Klienten bzw. die Schaffung von Möglichkeiten, dass jenseits professioneller Hilfe in den Lebenswelten der Klienten Unterstützungs- und Hilfenetzwerke geschaffen werden.

Wir können hier bereits eine Perspektive erkennen, die beides, beide Seiten, zusammendenkt: Hilfe und Nichthilfe. Nichthilfe im Sinne von Selbsthilfe ist das Ziel der Hilfe, und diese intendierte Nichthilfe ist nicht erreichbar ohne Hilfe. Aber nicht nur in dieser Hinsicht handelt es sich bei der Ambivalenz von Hilfe und Nichthilfe um einen *Scheingegensatz*, sondern auch deshalb, weil oft Nichthilfe die Voraussetzung der Hilfe ist. Nichthilfe kann in manchen Situationen gerade Hilfe bedeuten. Ein Klient probiert etwas aus, er handelt gerade deshalb, weil er von einer Sozialarbeiterin begleitet wird, die nicht aktiv hilft, sondern wartet, bis der Klient selbst etwas unternimmt, was ihm nachhaltig hilft. Damit hilft die Sozialarbeiterin dem Klienten durch gezeigte Nichthilfe, dass er selbst das tut, was nötig ist. Hier erkennen wir den bekannten Lehrsatz von Maria Montessori: »Hilf mir, es selbst zu tun!«

So kann es in manchen Situationen und zu manchen Zeiten wichtig sein, dass Sozialarbeiterinnen und Sozialarbeiter direkt helfend eingreifen, in anderen Kontexten jedoch ist das Abwarten angesichts von Versuchen der Klienten, selbst etwas zu tun, passender; hier wird also eine *Kontexttrennung* in Bezug auf Hilfe und Nichthilfe deutlich.

Mit dem Fortschreiten eines erfolgreichen Hilfeprozesses, so kann vermutet werden, vermehren sich die Situationen und Zeiten, in denen Sozialarbeiterinnen und Sozialarbeiter nicht direkt und unmittelbar helfen, sondern beobachten, wie und was die Klienten selbst tun, um sich zu helfen. Daher steht, wie wir zusammenfassend sagen könnten, die nachhaltige und erfolgreiche Hilfe in einer *paradoxen Verbindung* mit der Nichthilfe, da Hilfe in manchen Kontexten gerade durch Nichthilfe realisiert werden kann und erfolgreiche Hilfe letztlich Nichthilfe im Sinne von persönlicher oder lebensweltlicher Selbsthilfe anstrebt.

Aber welche *Kontexte* haben wir bisher *übersehen*, was kommt in den Blick, wenn wir weder Hilfe noch Nichthilfe thematisieren, wenn wir den Standpunkt *keines von beiden* einnehmen? Zunächst können wir uns fragen, wann die Ambivalenz von Hilfe und Nichthilfe wie in den Blick gerät. So ist augenscheinlich, dass dieser Gegensatz auftaucht, wenn wir bedenken, dass professionelle Hilfe öffentliches Geld kostet, dass dieses Geld knapp ist und dass daher von der Politik Effizienz, also Wirtschaftlichkeit, ein optimales Verhältnis von Aufwand und Nutzen, gefordert wird. Die Thematisierung dieser Ambivalenz steht also in Zusammenhang mit der Krise des Sozialstaates, mit den leeren öffentlichen Kassen. Angesichts dieser Krise wird postuliert, dass Hilfe so schnell wie möglich in Nichthilfe übergehen soll.

Hinter dem Gegensatz von Hilfe und Nichthilfe steht jedoch auch eine ethische Position, die insbesondere Abhängigkeitsverhältnisse von Helfern und Hilfsbedürftigen kritisch thematisiert. Wenn Hilfe zur einseitigen Abhängigkeit von denen führt, die die Hilfe anbieten, und diejenigen passiv und inaktiv macht, die sie annehmen, dann sollte wieder die Seite der Nichthilfe in den Blick gebracht werden, die bestenfalls mit Autonomie und Aktivität einhergeht.

Was bisher aber nicht in Augenschein genommen wurde, sind die Methoden sowie die Prozesse, die die Ausgestaltung von Hilfe ermöglichen und die es erlauben, Zustände der positiven Nichthilfe, der Selbsthilfe, der Autonomie und Aktivität auf der Klientenseite anzuregen. Aber genau hier liegt womöglich der Schlüssel für die Gestaltung und das Management der Ambivalenz von Hilfe und Nichthilfe. Ich werde im Teil 3 des Buches hierauf ausführlicher eingehen; dort wird es nämlich um Methoden gehen, die eine erfolgreiche Soziale Arbeit in den Blick bringen, eine Soziale Arbeit also, die Hilfe in Nichthilfe zu transformieren in der Lage ist.

Was liegt nun jenseits aller bisherigen Reflexionen? Wie lässt sich eine Position einnehmen, die alle vier bisher eingenommen Standpunkte negiert und etwas ganz anderes aufscheinen lässt? An diesem Punkte soll lediglich eine Position herausgestrichen werden, die im Kontext der sozialarbeiterischen und -politischen Diskussionen oft vergessen wird: dass Helfen nämlich eine anthropologische Konstante ist, die nichts zu tun haben muss mit persönlichen oder sozialen Defiziten der Art, sich selbst nicht helfen zu können. Helfen ist ein Phänomen, das zu den Menschen gehört wie das Sprechen oder das Arbeiten.

Hans Scherpner (1962, S. 122) fasst diesen Gedanken zusammen, wenn er schreibt, dass »Hilfe [...] eine Urkategorie des menschlichen Handelns überhaupt (ist), ein Begriff, der nicht weiter zurückführbar ist außer auf den des gesellschaftlichen Handelns überhaupt. [...] ohne Hilfe, ohne das positive Zusammenwirken von Menschen, die gegenseitige Hilfe, (ist) menschliches Zusammenleben überhaupt nicht denkbar.«

Ich möchte das Durchwandern des Tetralemmas an diesen Punkten beenden und hoffe, dass deutlich geworden ist, in welcher Weise diese zweite, diese stringente Dekonstruktion Ambivalenzen praktikabel machen kann. Ziel sollte es sein, zu veranschaulichen, wie Ambivalenzen zur Anreicherung von Ideen und Handlungsmöglichkeiten genutzt werden können, wenn aus Dilemmata Tetralemmata werden. Jedenfalls lohnt es sich, das Tetralemma in der Praxis immer dann zu durchwandern, wenn Dilemmasituationen das Handeln schwer machen und wenn keine schnelle Entscheidung getroffen werden kann oder wenn das schnelle Treffen von Entscheidungen sehr viele Risiken in sich birgt.

Teil II: Provokationen des Systems

4. Systemischer Konstruktivismus, Postmoderne und die Wissenschaft der Sozialen Arbeit – Eine Aufklärungsreise

Nachdem in den ersten drei Kapiteln insbesondere die Ambivalenzreflexion und das Ambivalenzmanagement als methodologische Grundlagen postmoderner Sozialarbeit vorgeschlagen und exemplarisch vorgeführt wurden, soll nun die theoretische Basis einer Sozialarbeitswissenschaft der Postmoderne näher bestimmt werden. Dazu werden im Folgenden zunächst die Theoriebewegungen und -revolutionen nachgezeichnet, die schließlich auch zur Entwicklung der aktuellen Version der Systemtheorie führen, zur Systemtheorie der Bielefelder Provenienz, die insbesondere auf Niklas Luhmann zurückgeht. Diese Systemtheorie wird für die Entwicklung der Sozialarbeitswissenschaft als ausgesprochen brauchbar bewertet (siehe dazu insbesondere Kapitel 5). Ausgangspunkt der Überlegungen sind Angriffe, die insbesondere das postmodern-systemtheoretische Paradigma der Sozialarbeitswissenschaft immer wieder erfährt, insbesondere hinsichtlich jener Erkenntnistheorie, in der sich Postmoderne und Systemtheorie treffen: hinsichtlich des Konstruktivismus.

Ausgangspunkte

Im Jahre 1987 hat der Wiener Verleger Peter Engelmann (Passagen Verlag) für die deutschsprachigen Postmoderneinteressierten einen Reader herausgegeben, in dem unterschiedliche Briefe Jean-François Lyotards veröffentlicht sind, in denen der 1924 geborene und 1998 verstorbene Pariser Philosoph sein Verständnis von Postmoderne so darlegt, dass es die Kinder seiner Freunde, an die die Briefe adressiert sind, verstehen müssten. Die Briefe sollen, wie die französischen Herausgeber (in Lyotard 1986, S. 9) schreiben, mit ihrer geradezu »trügerische[n] pädagogische[n] Klarheit« die verworrenen Kontroversen des postmodernen Diskurses jedoch nicht verschleiern und etwas klar darstellen, was diffuser nicht sein könnte. Vielmehr sollen sie »unverfälscht« ein noch »vages Gefühl« (ebd.) aufzeigen, nämlich »das Vorgefühl, dass sich in unserer Sinnlichkeit etwas ändert« (ebd., S. 10), so unbestimmt dies noch sein mag.

»Weit davon entfernt, vernunftwidrig unredlich zu sein, respektieren diese Unvollendetheit und diese Kindlichkeit auf ihre Weise den Gegenstand ihrer Idee, die zeitgenössische Geschichte, deren Sinn wir aus der Haltung eines Kindes heraus verstehen können« (ebd.). Und die zeitgenössische Geschichte trägt für Lyotard bekanntlich – zumindest in ihrer Selbstreflexion, die viele vermeintlich wissenschaftliche Ideen der Moderne als Mythen entlarvt – postmoderne Züge.

Trotz der begrüßenswerten Intention der Herausgeber, den Lesern einen Lyotard zu bieten, der es versteht, die Postmoderne so spielerisch darzulegen, dass ihr Verständnis kinderleicht wird, hat es den Verlag Mühe gekost, von Lyotard die Zustimmung für die Veröffentlichung der Texte zu bekommen. Auch durch die Argumentation, dass das Buch dazu beitragen könnte, ihn »vor gewissen Vorwürfen zu schützen – unter anderem dem Vorwurf des Irrationalismus, Neokonservativismus, intellektuellen Terrorismus, einfältigen Liberalismus, Nihilismus, Zynismus« (ebd.) –, ließ sich Lyotard in seiner Skepsis bezüglich der Publikation nicht irritieren. »Er schien sich um diese Attribute keinerlei Sorgen zu machen und meinte, in ihnen ein Zeichen dafür zu sehen, dass seine Gegner, anstatt zu lesen – was man wirklich lesen nennt – und *ad rem* zu argumentieren, vorzugsweise *ad hominem* und mit fertigen Kategorien operieren und dass die Achtung, die man dem Denken schulde, es nicht erlaube, sich auf Praktiken dieses Kalibers einzulassen« (ebd.; Hervorh. im Orig.).

Lyotard liegt sicher richtig: Kritiker sollten sich mit den Sachverhalten, die sie kritisieren, die sie mit den unterschiedlichsten Bewertungen und Marken versehen, gründlich auseinander gesetzt haben. Und diese Auseinandersetzung müsste an den kritisierten Texten so vorgeführt werden, dass der Leser nicht nur Behauptungen vor Augen hat, sondern an den Quellen belegte Argumente. In der Auseinandersetzung um die Postmoderne wird jedoch nicht selten eine andere Strategie verfolgt: Die sich ihr zurechnenden und die ihr zugerechneten Autoren bzw. ihre Argumente (das ist mitunter nur schwer unterscheidbar) werden verunglimpft, beschimpft, mit den unterschiedlichsten Stigmata versehen. Daher könnte man Lyotard folgen und sich mit diesen Kritikern erst gar nicht beschäftigen. Aber Theoriearbeit kann es sich so einfach nun doch nicht machen, und immerhin hat auch Lyotard schließlich zugestimmt, dass seine »pädagogischen Briefe« veröffentlicht werden.

In diesem Kapitel sollen Ablehnungen bzw. kritische Bewertungen hinsichtlich postmoderner und konstruktivistischer Ansätze in der Sozialarbeitswissenschaft als Ausgangspunkt dafür dienen, ein Stück Aufklärungsarbeit zu leisten hinsichtlich der Frage, was überhaupt unter postmoderner Theorie verstanden werden kann. Auf einer beschreibenden und einer erklärenden Ebene werden zunächst einige Anfeindungen gegen postmoderne und konstruktivistische Konzepte thematisiert. Motivation dieses Unterfangens ist vor allem eine Textstelle in Ernst Engelkes *Die Wissenschaft Soziale Arbeit* (2003), die das, was Lyotard treffend formuliert, dass nämlich vermeintliche Kritiker sich oft der Mühe des gründlichen Lesens und Denkens entziehen, besonders augenscheinlich werden lässt. Außerdem ist Engelkes Position die bisher schärfste Anfeindung gegen Postmoderne und Konstruktivismus in der Sozialen Arbeit. Daher werde ich zunächst vor allem Engelkes Meinung referieren und diskutieren. Im Weiteren wird dann die Entwicklung der Postmoderne aus den Ambivalenzen der Moderne kenntlich gemacht und schließlich das *postmoderne Differenzdenken* als die zentrale Denkbewegung dieser theoretischen Position veranschaulicht.

4.1 Gefahr des Konstruktivismus

Im Kontext des Schlusskapitels *(Die Wissenschaft Soziale Arbeit ist und bleibt eine notwendige Wissenschaft)* seines Buches schreibt Engelke (2003, S. 476 f.):

> »Ein Beispiel: Eine 32-jährige allein stehende Frau lebt in einer sozialpsychiatrischen Einrichtung, sie kann nicht mehr selbst für sich sorgen. Ihr Vater und ihr Bruder haben sie von ihrem fünften Lebensjahr an 19 Jahre lang sexuell missbraucht. In einem Gerichtsprozess sind die beiden Männer deswegen schuldig gesprochen und rechtskräftig verurteilt worden. Die junge Frau wird von ihren Erlebnissen zerrissen, die tiefen Wunden heilen nicht und gestatten ihr kein ›normales‹ Leben. Wer dem radikalkonstruktivistischen Ansatz konsequent folgen wollte, müsste ihr im Gespräch vermitteln, dass sie diese Wirklichkeit konstruiert habe, um mit ihr eine neue Wirklichkeit zu konstruieren. Die Würde und das Leiden der jungen Frau sowie die ethische Selbstverpflichtung der Profession Soziale Arbeit im Code of Ethics verpflichten nach meiner Auffassung, solches Vorgehen und seine ›wissenschaftstheoretische‹ Begründung entschieden als verantwortungslos und inakzeptabel zu-

rückzuweisen. ›Postmoderne Professions- und Wissenschaftstheorien‹ mit Kernthesen wie ›Sozialarbeit ist ohne Eigenschaften‹ (Kleve 2000, S. 195–198) halte ich für überspannte Konvolute, die den Klienten und dem Ansehen der Sozialen Arbeit schaden. Ihre VertreterInnen leben anscheinend in einer eigenen, selbst gezimmerten Welt, in der alles, was die eigenen Ideen stören könnte, zum Beispiel die International Federation of Social Workers mit ihren Definitionen und Ethikkodizies, ›draußen vor‹ bleibt. Vorhandene Realitäten verschwinden zu lassen und neue hervorzuzaubern (das Kaninchen wird in eine Taube verzaubert) ist die Kunst der Magier und gehört ins Varieté, aber nicht in die Wissenschaft.«

In dem zitierten Abschnitt lassen sich mindestens drei Positionen finden, die wissenschaftlichen Postulaten bezüglich argumentierender und gründlicher Auseinandersetzung mit den Gegenständen ihrer Kritik nicht nur nicht entsprechen, sondern diese mit Füßen treten.

Die erste Position: Engelke behauptet, dass derjenige, der »dem radikalkonstruktivistischen Ansatz konsequent folgen wollte«, der beschriebenen sexuell missbrauchten Frau »im Gespräch vermitteln (müsste), dass sie diese Wirklichkeit konstruiert habe, um mit ihr eine neue Wirklichkeit zu konstruieren.« Auf welche Literatur zum Konstruktivismus er sich mit dieser Behauptung stützt, verschweigt er jedoch. Wo das, was er behauptet, als methodische Orientierung einer konstruktivistisch orientierten Sozialarbeit oder Beratung nahe gelegt wird, kann er nicht angeben, weil es (zumindest nach meiner Kenntnis) solche methodischen Vorschläge des Konstruktivismus, die Engelkes Zeilen stützten, nicht gibt und, ausgehend von dieser erkenntnistheoretischen Position, auch nicht geben kann. Woher Engelke seine »methodischen« Ideen hat, die er dem Konstruktivismus unterstellt, können wir also nur vermuten – womöglich hat er sie selbst, ausgehend von seinen Vorurteilen, konstruiert, sie sind jedenfalls kein Ergebnis gründlichen Lesens und Denkens. Eine gründliche Lektüre konstruktivistischer Schriften (etwa Kleve 1996/2003; Kersting 2002b; Kraus 2002) wäre nicht einmal notwendig gewesen; es hätte bereits ein selektives Lesen genügt, um zu sehen, dass konstruktivistisch aufgeklärte Methodik grundsätzlich anders ansetzt, als Engelke dies vorgibt – und zwar mindestens aus zwei Gründen:

Erstens anerkennt der Konstruktivismus die jeweils relativen Wirklichkeiten psychischer und sozialer Systeme, akzeptiert und achtet mithin die in sozialen Kontexten erzeugten subjektiven Konstruktionen.

Aus diesem Grund würde keine konstruktivistische Methodik nahe legen, einer sexuell missbrauchten Frau »im Gespräch zu vermitteln, dass sie diese Wirklichkeit konstruiert habe«, im Gegenteil: Ihr subjektives Leiden an den Vergewaltigungen würde so ernst genommen werden wie irgend möglich. Denn es ginge darum, Anschluss zu finden an die individuelle Wirklichkeitssicht der betreffenden Frau. Und dies ist ein äußerst komplizierter und komplexer Prozess, der mindestens das voraussetzt, was der weithin gängige Ansatz klientenzentrierter Beratung allen professionellen Gesprächsführerinnen und -führern empfiehlt: Empathie, Kongruenz und Akzeptanz.

Zweitens würde eine konstruktivistische Methodik nichts postulieren, was mit dem Begriff »vermitteln« beschreibbar wäre. Die konstruktivistische These ist ja gerade, dass sich Menschen als Einheiten psychischer und biologischer Systeme von außen nicht zielgerichtet verändern lassen, sie können jedoch angeregt werden, für sich selber brauchbarere Wirklichkeiten als bisher zu konstruieren. Aber dieser Prozess selbst gemachter Konstruktionen, die im Kontext der eigenen Erfahrungen und Werte brauchbar sind, ist kein Vermittlungs-, sondern ein (Fremd-)Irritations- und (Selbst-)Konstruktionsprozess. Genau an dieser Stelle offenbart sich das Konzept von Hilfe, etwa bezüglich einer sexuell missbrauchten Frau: Zunächst besteht die Frage, was die Klientin im Prozess der Hilfe erreichen will, welche Motivationen sie hat, Hilfe anzunehmen, und welche Aufträge sich daraus für eine Sozialarbeiterin ergeben. Wenn die Aufgabe darin besteht, mit vergangenen Missbrauchserfahrungen und den gegenwärtigen Leidensgefühlen fertig zu werden, die vergangenen Erfahrungen im Hier und Jetzt zu verarbeiten, um wieder ein glücklicheres, ein »gelingenderes Leben« (Thiersch 1992, 1993) zu führen, dann würde es in der Beratung darum gehen, dass sich die Klientin *neue Möglichkeiten* des Fühlens und Denkens erarbeitet. Es ginge darum, der Klientin dabei zu helfen, dass sie den Kreislauf von belastenden Gedanken, die zu quälenden Gefühlen führen, die zu belastenden Gedanken führen *(ad infinitum)*, durchbrechen kann, und zwar durch andere Gedanken, die zu anderen Gefühlen führen. Es geht also in der Tat um einen Konstruktionsprozess, an dessen Ende bestenfalls eine neue subjektive Wirklichkeit der Frau steht, die es ihr gestattet, trotz der vergangenen Erfahrungen wieder ein glücklicheres Leben zu führen. Aber wäre nicht genau dies Ziel jeder sozialarbeiterischen Beratung oder gar von Psychotherapie in solchen Fällen? Mir ist jedenfalls nicht klar, warum dieser Prozess, wie Engelke schreibt (S. 476), der »Würde« und dem »Leiden der jungen Frau« sowie der »ethische[n] Selbstverpflichtung der Profession Soziale Arbeit« zuwiderläuft. Schlussfolgernd kann ich hier lediglich feststellen, dass Engelke vulgäre Meinungen verbreitet, die dem Abgleich mit der einschlägigen Literatur zum Konstruktivismus nicht standhalten.

Die zweite Position: Engelke postuliert, dass »die Würde und das Leiden der jungen Frau sowie die ethische Selbstverpflichtung der Profession Soziale Arbeit im Code of Ethics [...] solches Vorgehen und seine ›wissenschaftstheoretische‹ Begründung entschieden als verantwortungslos und inakzeptabel zurückzuweisen« habe. Angenommen, Engelke hätte mit seinen Ausführungen eine konstruktivistisch orientierte Methodik richtig beschrieben, dann hätte er an diesem Punkt möglicherweise Recht. Das Problem ist nur, dass Engelke hier gegen eine Position kämpft, die seiner eigenen Fantasie entspringt (s. o.), die nichts zu tun hat mit konstruktivistischem Denken. Ich erspare mir an diesem Punkt, dies noch einmal zu erläutern, und hoffe, dass bereits deutlich geworden ist, dass der Konstruktivismus eine Grundposition voraussetzt, die er mit der lebensweltorientierten Sozialen Arbeit (siehe etwa Thiersch 1993) teilt: dass Ausgangspunkte der Arbeit die eigensinnigen sozialen wie psychischen lebensweltlichen Wirklichkeiten der Klienten sind und dass es professionell darauf ankommt, sich an diese Wirklichkeiten anzukoppeln. Ein solches Ankoppeln setzt voraus, dass das wertgeschätzt und geachtet wird, was die Klienten an Erfahrungen, Sichtweisen und Deutungen in den Hilfeprozess einbringen (siehe kürzlich dazu Kleve 2003).

Die dritte Position: Engelke hält »›Postmoderne Professions- und Wissenschaftstheorien‹ mit Kernthesen wie ›Sozialarbeit ist ohne Eigenschaften‹ (Kleve 2000, S. 195–198) [...] für überspannte Konvolute, die den Klienten und dem Ansehen der Sozialen Arbeit schaden.« Auch hier zeigt sich wieder, dass Engelke offenbar das nicht gelesen und durchdacht hat, was er bewertet. Hier ist nicht der Platz, um die These der Sozialen Arbeit ohne Eigenschaften ausführlich darzulegen (siehe hierzu Bardmann 1996b und in umfangreicher Ergänzung dazu Kleve 2000). Deutlich formulieren möchte ich jedoch, dass die These der Sozialarbeit ohne Eigenschaften die historischen und aktuellen Erfahrungen in der Sozialen Arbeit auf einen – zugegeben: provozierenden, aber deutlichen – Punkt zu bringen versucht. Die Professionalität und Wissenschaftlichkeit Sozialer Arbeit wird in diesem

Ansatz nicht mehr als defizitär bewertet, etwa als noch unvollkommen oder unzureichend. Vielmehr werden die Voraussetzungen für diese Bewertungen expliziert: die *modernen* Professions- und Wissenschaftstheorien.

Diese Theorien gehen von modernen Konzepten aus, die sich an klassischen Professionen orientieren, etwa an Ärzte-, Priester- oder Juristenschaft. Die Sozialarbeit hat jedoch eine andere sozialhistorische Genese hinter sich und reagiert auf andere Probleme als die klassischen Professionen. Sie ist erst zu Beginn des 20. Jahrhunderts als moderne Berufsarbeit entstanden und reagierte mit ihrer Ausdifferenzierung auf Probleme, die einst als Lösungen auftraten: auf die zunehmende Differenzierung der Gesellschaft. Demnach bezieht sich die Soziale Arbeit auf die Folgeprobleme gesellschaftlicher Differenzierung, auf die Aufsplitterung der lebensweltlichen Zusammenhänge moderner Individuen, die inzwischen adäquater als Dividuen beschreibbar sind. Das, was in den klassischen gesellschaftlichen Systemen (etwa in Wirtschaft, Politik, Religion), in den Lebenswelten (etwa in Familien) sowie schließlich in den traditionellen Professionen nicht gelöst werden kann, das hat die Soziale Arbeit zu lösen. Aus diesem Grund hat sie einen generalistischen Gesellschafts- und Fallbezug; in allen ihren unterschiedlichen Arbeitsfeldern ist sie für das, was die Klienten als Probleme artikulieren, »diffus allzuständig«. Soziale Arbeit ist im wahrsten Sinne des Wortes *soziale* Arbeit: Potenziell alles, was *zwischen Menschen*, also in der Kommunikation, zu Problemen, Schwierigkeiten und Konflikten führt, ist in ihren Vollzügen thematisierbar.

Die moderne Wissenschaft hat sich bisher schwer getan, einen solchen – traditionell gesprochen – ganzheitlichen Zugang zur Welt der Klienten als wissenschaftlich zu akzeptieren. Denn moderne Wissenschaft setzt ebenso wie das Moderneprojekt im Ganzen auf Differenzierung. Aber Sozialarbeit nistet sich zwischen den klaren Differenzierungen ein, arbeitet an den Fugen und Spalten, die zu menschlichen Abgründen werden können, wenn sie diese nicht überbrücken hilft. Um dies jedoch tun zu können, benötigt sie eine offene Identität bzw. eine Identität, die genau genommen keine (moderne) Identität ist. Denn sie muss sich für alle möglichen Eigenschaften offen halten, sie muss permanent wechseln können zwischen ihren Bezügen, die widersprüchlichsten Erwartungen aushalten und zwischen diesen balancieren (vgl. dazu jetzt auch Kruse 2004; Harmsen

2004). Dies ist eine Aufgabe, die zweifelsohne Reflexion voraussetzt, auch wissenschaftliche.

Ich habe angesichts dieser Situation vorgeschlagen, sich jedoch nicht an modernen Wissenschaftskonzepten mit ihren Differenzierungs- und Abgrenzungspostulaten zu orientieren, sondern postmoderne Theorien zu nutzen, die das Differente, das Unterschiedliche zu sehen erlauben und es akzeptieren, aber dennoch Vermittlung, Verbindung und Brückenbau anstreben. Als Gewährsleute für eine solche wissenschaftliche Auffassung stehen etwa Wolfgang Welsch (1987, 1996) und Peter V. Zima (1989, 1997). Ich kann nicht sehen, wie die beschriebenen Thesen dem Ansehen der Sozialen Arbeit und ihren Klienten schaden.

4.2 Postmoderne zwischen Ende und Anfang

Die Postmoderne wird aber nicht nur bei Engelke problematisiert, sondern auch bei anderen Theoretikern der Sozialen Arbeit, etwa bei Christian Niemeyer (2003, z. B. S. 240 f.). Niemeyer meint, »dass, wenn nicht alle Anzeichen täuschen, der kurze, heiße Sommer der Postmoderne ohnehin vorbei ist« (ebd., S. 241). Diese Einschätzung steht in einem Kontext der Diskussion der Frage, ob das Subjekt, man müsste genauer sagen: ob die *Idee* des Subjektes am Absterben sei, ob – mit Michel Foucault (1966, S. 462) gesprochen: die Erfindung des Menschen »verschwindet wie am Meeresufer ein Gesicht im Sand«. Niemeyer argumentiert mit Michael Winkler dagegen, wenn er betont, dass in den aktuellen neoliberalen Modernisierungstendenzen der Gesellschaft die »gesellschaftlichen Entwicklungsprozesse selbst [...] in die Individuen verlagert (werden), die sie bei Strafe des eigenen Unterganges ausführen müssen« (Winkler, zit. nach Niemeyer 2003, S. 241).

Demnach werde das Subjekt von der Gesellschaft als verantwortlich für das konstruiert, was in der Gesellschaft aus den Bahnen läuft, und in Anspruch genommen, die Last der sozialen Veränderungen zu tragen, ohne jedoch die dafür nötigen Ressourcen zu haben. »Wenn Winkler Recht hat«, so Niemeyer (ebd.), »– und wenig spricht dagegen –, werden postmoderne Theoriekonventionen bald Makulatur sein und allenfalls noch als Zeugnisse einer Epoche gelesen werden können, in der die Spaßgesellschaft auch die ihr konvenierenden Theoriemoden erzeugte.«

Hier werden postmoderne Theorien also mit einer so genannten Spaßgesellschaft assoziiert. Die Frage ist nur, wie es zu einer derartigen Assoziation kommen kann, da die Postmoderne alles andere ist als Spaß, sondern das Eingeständnis, dass das, was die Moderne versprochen hat, nicht haltbar ist. Postmoderne meint im Sinne ihres philosophischen und sozialwissenschaftlichen Zeugen Nummer eins, Lyotard (etwa 1979), das Verebben jener Glaubenssätze, die der Gesellschaft eine rosige kapitalistische oder sozialistische Zukunft voraussagten. Mit der Postmoderne zerbrechen gerade die Illusionen, die auch in der heutigen Politik oft noch zwanghaft festgehalten werden: dass es klare und planbare Lösungen gibt für soziale oder andere Probleme. Die Postmoderne hält dem gegenüber – zunächst eher pessimistisch – fest, dass wir uns nicht erlösen können aus dem ambivalenten Charakter unserer Entwicklung, dass alles mindestens zwei Seiten produziert, aus unterschiedlichsten Perspektiven beobachtet, beschrieben, erklärt und bewertet werden kann.

Postmoderne Theorieansätze stehen in einem Kontext, in dem es darum geht, das klassische alteuropäische Identitätsdenken zu ersetzen durch ein Denken der Ambivalenz und Differenz. Da dies offenbar selten gesehen, geschweige denn gründlich reflektiert wird, will ich nun eine solche Reflexion liefern und etwas weiter ausholen, um nämlich das skizzenhaft nachzeichnen, was Voraussetzung ist für eine postmoderne Theorie Sozialer Arbeit: *die Entwicklung des modernen Identitäts- zum postmodernen Ambivalenz- und Differenzdenken.*

4.3 Identität der Moderne[1]

Die prägenden Denkrichtungen, die im 17., 18. und 19. Jahrhundert den Beginn der Moderne markieren, stehen jenseits eines Denkens der Differenz und Ambivalenz. Denn die Moderne war enthusiastisch angetreten, die Einheit, die klare und eindeutige Identität und Ordnung zu verwirklichen (vgl. Bauman 1991). Die Ideen von Immanuel Kant (1724–1804), Georg Wilhelm Friedrich Hegel (1770–1831) und Karl Marx (1818–1883) sind drei Beispiele für dieses moderne Identitätsdenken. Obwohl diese drei Philosophen und Sozialwissenschaftler bereits zentrale Differenzen und Ambivalenzen markierten, die im

1 Die folgenden Ausführungen gehen zurück auf die gleiche Argumentationslinie wie in Kleve (2004c, S. 16 ff.).

Laufe der Etablierung der modernen Gesellschaft unübersehbar wurden, verfolgten sie den Weg der Einebnung dieser Unterschiede.[2]

Kant markierte die *erkenntnistheoretische Differenz* zwischen der *Welt an sich* und der *Welt für uns* als eine unüberwindliche Lücke, die unser Erkenntnisvermögen trennt von dem, was es zu erkennen versucht: die Welt und die Dinge in ihr. Konstruktivistische Positionen des späten 20. Jahrhunderts vorwegnehmend, klärte Kant die Menschen darüber auf, dass die Welt, die sie erkennen, ein Produkt ihrer selbst ist. Aus dieser Erkenntnis leiten aktuelle konstruktivistische Ansätze die soziale Erfahrung der Unterschiedlichkeit und Relativität von psychischen und sozialen Wirklichkeitskonstruktionen ab. Kant jedoch suchte angesichts seiner These der Konstrukthaftigkeit menschlicher Erkenntnis nach einer Figur, die die Radikalität seiner Sichtweise minimieren konnte, und schuf das *transzendentale Subjekt*. Zwar können die Menschen die Dinge an sich nicht erkennen, sondern erzeugen im Vollzug ihrer Wahrnehmung Konstrukte, aber diese Konstrukte gehen bei allen mit Vernunft ausgestatten Menschen von den gleichen Möglichkeitsbedingungen aus, etwa von den Kategorien, zu denen die Kausalität gehört. Diese Kategorien sind *a priori* jeder Wahrnehmung, jeder Erkenntnis vorgeordnet, sind Bedingung der Möglichkeit von Erkenntnis und führen letztlich – trotz der Konstrukthaftigkeit menschlicher Erkenntnisse und der unüberwindlichen Differenz zwischen Welt und Weltwahrnehmung – zur Einebnung von Erkenntnisunterschieden. Trotz der These der nicht überbrückbaren Differenz zwischen dem Erkennenden und dem Objekt der Erkenntnis landet Kant schließlich bei der Einheit, bei der Identität der menschlichen Kognitionen, und zwar hinsichtlich der Möglichkeitsbedingungen von Erkenntnis; diese versperren den Weg zu jenen Phänomenen, die vielleicht noch zu Kants Zeiten, aber spätestens im 20. Jahrhundert nicht mehr ausgeblendet werden konnten: Relativität und Pluralität, Ambivalenz und Paradoxie hinsichtlich von Wirklichkeitskonstruktionen.

Hegel markierte eine *Differenz zwischen widerstreitenden Polen in der Entwicklung des Geistes* und bewertete diese als Voraussetzung für die historische Bewegung des menschlichen Geistes zu immer höhe-

2 Bei der folgenden knappen Darstellung von zentralen Positionen Kants, Hegels und Marx' und später Nietzsches und Freuds verzichte ich (freilich abgesehen bei Zitaten) auf Literaturverweise, weil das, was ich referiere, etwas ist, das man als »gebildeter Bürger« ohnehin weiß oder wissen sollte, weil es inzwischen zur Allgemeinbildung bzw. zum Lexikonwissen gehört (siehe dazu etwa Schwanitz 1996).

ren Stufen. Sowohl der subjektive Geist des einzelnen Menschen als auch der objektive Geist der Gesellschaft verwirklichen sich demnach durch die Bewegung gegensätzlicher Tendenzen. Hegel akzeptierte somit Differenzen, ebnete sie nicht ein, sondern verstand sie als Motor der Entwicklung, ja noch mehr: Er sah, dass jede Position mit einer Negation einhergeht, dass jedes gesetzte Stadium (Thesis) seinen Gegensatz (Antithesis) hervorbringt und dass durch dieses Spannungsverhältnis geschichtliche Bewegung verstanden werden kann. Allerdings hielt auch Hegel die Gegensätze in ihrer Gegensätzlichkeit nicht aus, sondern versöhnte sie mithilfe der Dialektik. Die dialektische Bewegung führe zu einer qualitativen Überhöhung (Synthesis), die die Gegensätze auf einer Stufe höherer Identität versöhne. So vereinen sich nach Hegels Logik etwa das Sein und das Nichts im Werden. Aus der hegelschen Dialektik resultiert schließlich die Idee von einer gesetzmäßigen Verwirklichung des menschlichen Geistes hin zu einem absoluten Wissen, das sich in einer allumfassenden Selbstreflexion vollends zu erkennen trachtet und dies schließlich auch zu realisieren vermag. Ziel hegelscher Differenzierung ist also nicht die Akzeptanz der Differenzen in ihrer Unterschiedlichkeit, sondern ihr (dialektischer) Weg in Richtung Einheit, in Richtung ganzheitlicher Identität.

Marx ging von der hegelschen Dialektik aus, stellte sie – so eine viel bemühte Metapher – vom Kopf auf die Füße und entwickelte eine Sichtweise zur Markierung von *Differenzen innerhalb der gesellschaftlichen Produktionsverhältnisse*. Die von Marx gewendete hegelsche Dialektik interessiert sich ebenfalls für die Differenzen und Widersprüche menschlicher Entwicklung. Aber Marx suchte die Differenzen nicht mehr in den Entwicklungsformen des Geistes, sondern in den Bewegungen der menschlichen Praxis, genauer: in den gesellschaftlichen Produktionsverhältnissen. Für ihn war die Geschichte eine Geschichte von erkennbaren und unversöhnlichen Widersprüchen (Antagonismen) sozialer Klassen (Klassenkämpfe), die sich bilden aufgrund der Stellung der Menschen zu den Produktionsmitteln. So lassen sich in den unterschiedlichen historischen Gesellschaftsformationen die Besitzenden und die Besitzlosen unterscheiden, die beständig miteinander ringen und durch ihren Kampf, der jeweils in einer Revolution gipfelt, eine neue Gesellschaftsordnung mit neuen Produktionsverhältnissen hervorbringen. Diese Entwicklungsdynamik habe die unterschiedlichen Gesellschaftsformationen ausdifferenziert, die mit Marx unterschieden werden können in Urgesellschaft, Sklavenhalterordnung, Feudalgesellschaft, Kapitalismus, Sozialismus und Kommunismus. Demnach entwickele sich die Geschichte gesetzmäßig hin zu immer höheren Ordnungen und erreiche schließlich die Gesellschaftsordnung des Kommunismus, in der sich die Antagonismen, die unversöhnlichen Differenzen bezüglich der Produktionsverhältnisse auflösen und sich eine gesellschaftliche Einheit, eine kommunistische Ganzheit, eine klassenlose Gesellschaft verwirkliche.

An den philosophischen Systemen von Kant, Hegel und Marx haben sich viele kritische Geister abgearbeitet, und noch immer sind die Thesen der drei genannten Philosophen und Sozialwissenschaftler in wechselnden Intensitäten Gegenstand von philosophischen und wissenschaftlichen Betrachtungen. Spätestens zu Beginn des 20. Jahrhunderts bekam das Identitätsdenken, das ich beispielhaft (und freilich verkürzt) an Kant, Hegel und Marx festgemacht habe, Risse.

4.4 Moderne und Postmoderne – Ein Übergang

Die Zeit des ausgehenden 19. und des beginnenden 20. Jahrhunderts offenbarte grundlegende Umwälzungen in unterschiedlichsten gesellschaftlichen Bereichen. Der wissenschaftlich-technische Fortschritt führte im Gefolge des aufstrebenden Bürgertums zu einer radikalen Kapitalisierung der Gesellschaft. Die klassischen Familienzusammenhänge lösten sich durch die Prozesse der Urbanisierung auf, es entstand die Kleinfamilie. Traditionelle religiöse Einbindungen erodierten. Der »Tod Gottes« (Nietzsche) wurde offenbar.

Während auf der einen Seite großartige Erfolge und Weiterentwicklungen in den Wissenschaften, in der Technik, in der Politik oder in den Künsten verzeichnet werden konnten, zeigten sich auf der anderen Seite ungelöste Probleme und destruktive Entwicklungen. Beispielsweise wuchs zwar mit der Steigerung der wirtschaftlichen Produktivkräfte einerseits der Reichtum, aber andererseits dramatisierten sich Prozesse der Armut und Klassenspaltung sowie der psychosozialen Notlagen. Die Kräfte jedoch, die klassischerweise in diesen Fällen Hilfen für Einzelne organisierten, wurden – zum einen angesichts der neuen Quantitäten und Qualitäten von Hilfsbedürftigkeit sowie zum anderen aufgrund ihrer eigenen Erosionserscheinungen – immer schwächer: familiäre sowie religiöse Zusammenhänge und Motive. Dies führte u. a. dazu, dass sich zu Beginn des

20. Jahrhunderts eine neue Profession etablieren konnte: die Soziale Arbeit. Insbesondere durch engagierte Frauen aus der bürgerlichen Frauenemanzipationsbewegung wurde eine sich im 20. Jahrhundert mehr und mehr professionalisierende soziale Hilfsarbeit geschaffen (siehe Hering u. Münchmeier 2000; Hering a. Waaldijk 2003), die aus dreierlei Gründen ein Zeuge ist für das Aufblühen der Differenz und Ambivalenz, und zwar *erstens*: weil Soziale Arbeit geboren wurde aus der beschriebenen Ambivalenz, dem angedeuteten Januskopf der Moderne, weil sie *zweitens*: selbst eine ambivalente, nicht auf einen eindeutigen identischen Kern zu reduzierende Praxis ist und weil sie *drittens*: auf die Differenzen von Lebenslagen und Lebenswelten zwischen unterschiedlichen Menschen bezogen ist, die häufig jenseits gesellschaftlich erwarteter Norm und Disziplin stehen.

Das Zeitalter des ausgehenden 19. und des beginnenden 20. Jahrhunderts war geprägt von einem Aufbrechen der Dialektik, wie sie von Hegel und Marx favorisiert wurde. Denn nicht die stetige Fortentwicklung zu immer größerer Klarheit und Eindeutigkeit hinsichtlich der historischen Vervollkommnung des Menschen und der Gesellschaft wurde offenbar, sondern das Gegenteil: Die Entwicklung ging mit Turbulenzen, Brüchen, Rückschritten einher. Genau zu dieser Zeit etablierte sich die moderne Gesellschaft als eine funktional differenzierte Gesellschaft (vgl. Luhmann 1997), in der eine ambivalente, eine postmoderne Tendenz diagnostiziert werden kann: Die Einheit dieser Gesellschaft ist nur noch in ihrer Vielheit repräsentiert, ihre Identität ist ihre Nichtidentität. Mit der Entwicklung dieser »postmodernen Moderne« (Welsch 1987) und ihren ambivalenten Entwicklungen auf wirtschaftlichen, geistigen und wissenschaftlich-technischen Gebieten ging zugleich die immer stärkere Thematisierung der Differenz, des Paradoxen und Ambivalenten einher.

Dass spätestens in unserer Zeit die Paradoxie zur Orthodoxie wurde, wie Luhmann (1997, S. 1144) meint, hängt jedoch nicht nur mit geisteswissenschaftlichen Reflexionen angesichts der ambivalent werdenden Sozialstrukturen zusammen, sondern ebenfalls mit Umwälzungen in der Physik. Zu Beginn des 20. Jahrhunderts kam es nämlich neben den angedeuteten sozialen Veränderungen zu einer »Umwertung aller Werte« (Nietzsche) in den Naturwissenschaften (vgl. Fischer 2001, S. 160 ff.). Dabei verloren die Physiker ihren festen Boden unter den Füßen. So hat Albert Einstein (1879–1955) mit seiner *speziellen* und seiner *allgemeinen Relativitätstheorie* gezeigt, dass die von Kant als absolut bewerteten Kategorien, die jeder Erkenntnis *a priori* vorausgehen müssten, nämlich die Kategorien von Raum und Zeit, relativ, also aufeinander bezogen sind: »In der speziellen Relativitätstheorie, deren erste Ergebnisse 1905 veröffentlicht worden sind, zeigt Einstein, wie Raum und Zeit sich beeinflussen und bestimmen können« (ebd., S. 142). Einstein fand heraus, »dass die Zeit vom Ort abhängt und folglich Zeit und Raum keine unabhängigen Qualitäten sind. Sie hängen stattdessen eng zusammen, sie stehen in einer Relation zueinander« (ebd., S. 143).

Einen weiteren Schritt geht Einstein in seiner allgemeinen Relativitätstheorie, »indem er deutlich macht, dass auch der Raum und die Materie miteinander verknüpft sind. Auf wunderbare Weise bestimmt die vorhandene Masse die Geometrie der Welt« (ebd.). Raum und Zeit können nach diesen physikalischen Erkenntnissen der empirisch konstruieren Welt nicht transzendental vorausgehen, wie Kant es im Sinn hatte; Raum und Zeit sowie die Gegenstände unserer Erkenntnis hängen vielmehr untrennbar miteinander zusammen. Demnach können wir formulieren: Raum und Zeit sind nicht transzendentale, absolute und der Erfahrung vorgeordnete Kategorien, die bestimmen, wie wir aus den Dingen an sich Dinge für uns konstruieren, sondern sie sind ebenfalls relative Größen. Welterkenntnis und Welt bedingen sich demnach gegenseitig, befinden sich in einem zirkulären Verhältnis zueinander; das eine setzt das andere voraus, sodass die Frage nach dem Primären unentscheidbar ist, so ambivalent bleibt wie die Frage danach, was zuerst da war, das Huhn oder das Ei. So erscheint schließlich auch das so genannte Ding an sich selbst als eine Konstruktion, eine Unterscheidung, die entsteht, wenn sich die Welt aufspaltet in einen Teil, der beobachtet, und einen, der beobachtet wird. Genau dieser Prozess des Unterscheidens bleibt uns jedoch unsichtbar, er verdunkelt sich in seinem Vollzug (vgl. ausführlich dazu Spencer-Brown 1969).

Noch deutlicher wird diese These in dem so genannten Welle-Teilchen-Paradoxon. Demnach kann über die Natur der subatomaren Größen nichts Eindeutiges ausgesagt werden, diese Größen bleiben in ihren Eigenschaften unbestimmt – zumindest bis zu dem Zeitpunkt, an dem sie beobachtet werden. Erst die physikalische Beobachtung bestimmt, ob z. B. Licht als Teilchen oder als Welle erscheint. Und ob es entweder als Teilchen oder als Welle erscheint, resultiert aus der Interaktion zwischen dem Beobachter und dem, was er beobachtet.

Die Unbestimmtheit besteht in zweierlei Hinsicht, nämlich *erstens* darin, dass die subatomaren Größen nicht eindeutig als Welle oder als Teilchen bestimmt werden können, sie können beide Eigenschaften annehmen, und *zweitens* darin, dass die Annahme der jeweiligen Eigenschaft abhängig davon ist, mit welcher Vorannahme der physikalische Beobachter beobachtet und sein Experiment ausrichtet. So gelten die subatomaren Größen deshalb als paradox, weil sie etwas sind und dies zugleich auch nicht sind: eben Welle oder Teilchen.

Nach Ernst Peter Fischer (2001, S. 165) hat sich die Physik nach den hier kurz angedeuteten bahnbrechenden Erkenntnissen und Theorien völlig verändert, sie hat ihre Werte umgewertet: Während vor 1900 Begriffe wie Objektivität, Eindeutigkeit, Stetigkeit, Anschaulichkeit, Bestimmtheit in aller Munde waren, prägten nach 1900 Begriffe wie Subjektivität, Doppeldeutigkeit, Unstetigkeit, Unanschaulichkeit und Unbestimmtheit das Reden in physikalischen Kreisen.

Kants Anschauungen werden aber nicht nur hinsichtlich ihrer identitätsorientierten Erkenntnistheorie durch die neuere Physik in ihre Grenzen verwiesen, sondern auch in ihrer Bewertung der menschlichen Vernunft und Rationalität. Als Vertreter der Aufklärung war Kant vernunftgläubig, erhob die Vernunft zu einem obersten Prinzip, das das Denken und das Soziale leiten sollte. Alle Handlungen sollen von einem Willen ausgehen, dessen Maxime zugleich Grundlage einer allgemeinen Gesetzgebung sein könnte, wie es im kategorischen Imperativ betont wird. Kant setzt also voraus, dass es möglich ist, die Motive und Maximen von Handlungen verstandesmäßig, rational zu kontrollieren. Genau dies wird zu Beginn des 20. Jahrhunderts infrage gestellt, indem die Einheit der Vernunft, des Verstandes gespalten wird, und zwar von Sigmund Freud (1856–1939).

Freud teilt das menschliche Bewusstsein in eine bewusste und eine unbewusste Sphäre und veranschaulicht in seinen Schriften, wie das, was sich bewusst als Gedanke oder Handlung realisiert, abhängt von dem, was gerade nicht bewusst ist an Motiven, Maximen, Erfahrungen etc. Die Psychoanalyse macht plausibel, dass alltägliche Handlungen häufig erst im Nachhinein rationalisiert werden, und zwar dann, wenn sie unter Begründungszwang stehen. Doch sind die dann möglichen Deutungen kontingent, sie können in Abhängigkeit von sozialen, zeitlichen und sachlichen Kontexten variieren. Also auch hier Unbestimmtheit und Unschärfe. Die Bestimmung erfolgt erst dann, wenn die Gründe von Handlungen expliziert werden (sollen oder müssen). Freud spricht den Menschen ihre Freiheit ab, Handlungen tatsächlich selbstbewusst und rational auszuwählen; vielmehr wählt nicht das *Ich*, sondern das Unbewusste, das *Es*, oder das *Über-Ich*. Darüber hinaus hat Freud mit dem Konzept der Übertragung deutlich gemacht, dass die biografische Geschichte von Menschen nicht dialektisch als ein Fortschritten von niederen zu höheren Stufen verstanden werden kann, sondern oft nur als Wiederholung früherer Beziehungserfahrungen und -erlebnisse in der Gegenwart beschreibbar ist. An diesem Punkt wird deutlich, dass Freuds Beobachtungen und Thesen verwandt sind mit Aussagen zur ewigen Wiederkehr des Gleichen von Friedrich Nietzsche (1844–1900).

Mit Nietzsche beginnt in der Philosophie und Geisteswissenschaft besonders offensichtlich das Aufbrechen des Identitätsdenkens und die Markierung des Unbestimmten und Ambivalenten. Zum einen hat Nietzsche die Idee des Fortschritts und der dialektischen Höherentwicklung durch sein Denken der ewigen Wiederkehr begraben, zum anderen bricht er den dialektischen Dreischritt auf, indem er die Ambivalenz von These und Antithese stehen lässt. Nietzsche bringt mit seiner Weltsicht eine Erfahrung zum Ausdruck, die sich spätestens zu Beginn des 20. Jahrhunderts aufdrängte: die Erfahrung der Ambivalenz, der Gleichzeitigkeit der Gegensätze, des Unbestimmten. Aber erst angesichts des Terrors zweier Weltkriege und der totalitären Regime des Faschismus bzw. Nationalsozialismus und Stalinismus bekam die Sozial- und Geisteswissenschaft die Ambivalenz sozialer Dynamiken deutlicher zu fassen.

4.5 Von der Identität zur Differenz

Ausgehend von der Frage, wie die Entwicklung der Moderne in totalitäre Terrorregime umschlagen konnte, entwickelten Max Horkheimer (1895–1973) und Theodor W. Adorno (1903–1969) ihre – ein Denken der Differenz und Ambivalenz vorführende – These von der *Dialektik der Aufklärung* (Horkheimer u. Adorno 1989; amerikan. Erstveröffentl. 1944). Diese Dialektik kommt nicht darin zum Ausdruck, dass die Geschichte als Vervollkommnung des Geistes (Hegel) oder der Gesellschaft (Marx) verstanden werden kann, sondern vielmehr wird eine *Negative Dialektik* (siehe Adorno 1966) inszeniert, die vorführt, in welchen Ambivalenzen der Gang der Geschichte verfangen ist. So wird das Ziel der Aufklärung gänzlich infrage gestellt, werden die

Intentionen des Fortschrittsdenkens mit ihren Ergebnissen, ihren Wirkungen konfrontiert: »Seit je hat Aufklärung im umfassenden Sinn fortschreitenden Denkens das Ziel verfolgt, von den Menschen die Furcht zu nehmen und sie als Herren einzusetzen. Aber die vollends aufgeklärte Erde strahlt im Zeichen triumphalen Unheils« (Horkheimer u. Adorno 1989, S. 7).

Dieser Anamnese folgt eine ebenso erschütternde Diagnose: Die (negative) Dialektik der Modernisierung ergibt sich aus der Entwicklung der Geschichte selbst, aus ihrer eigenen inneren Logik. Die Vernunft und die Aufklärung treten nicht aus ihren eigenen Logiken heraus, wenn sie in ihr Gegenteil, etwa in Barbarei, in Faschismus oder Stalinismus, umschlagen, sondern sie folgen vielmehr ihren eigenen Intentionen. Denn das Denken (nicht nur der Aufklärung) und die Vernunft haben selbst totalitäre Züge, sie verabsolutieren sich in ihrem Anspruch, für alle Menschen die richtigen und wahren Werte zu verkörpern.

Daher muss eine kritische Aufklärung über die Aufklärung, ein Bedenken des eigenen Denkens gegen sich selbst, gegen die eigenen Prinzipien antreten, weil nur so das markiert und bestenfalls immer wieder kritisch destruiert werden kann, was im Denken und der Vernunft angelegt ist: totalitäre Prinzipien, Identifizierungen, Fixierungen, das Ausblenden und Auslöschen des Nichtfassbaren. Diese Prinzipien verletzen die »Objekte«, die von ihnen ausgehend erkannt und behandelt werden sollen. Denn:

> »Aufklärung ist totalitär wie nur irgendein System. Nicht was ihre romantischen Feinde ihr seit je vorgeworfen haben, analytische Methode, Rückgang auf Elemente, Zersetzung durch Reflexion ist ihre Unwahrheit, sondern dass für sie der Prozess von vornherein entschieden ist. Wenn im mathematischen Verfahren das Unbekannte zum Unbekannten einer Gleichung wird, ist es damit zum Altbekannten gestempelt, ehe noch ein Wert eingesetzt ist. Natur ist [...] das mathematisch zu Erfassende; selbst was nicht eingeht, Unauflöslichkeit und Irrationalität, wird von mathematischen Theoremen umstellt« (Horkheimer u. Adorno, zit. nach Welsch 1996, S. 83).

Entgegen diesem inhärenten Streben der Aufklärung und der Vernunft müsste die Fähigkeit darin bestehen, das Unbekannte, das Andere oder das Fremde der (eigenen) Vernunft nicht einzuverleiben, es nicht zum Gleichen, zum Selben zu machen, sondern es in seiner Verschiedenheit auszuhalten. Adorno hat ein solches Denken *negative Dialektik* genannt. Eine negative Dialektik verweigert sich dem identifizierenden Denken, der Totalität der Begriffe und interessiert sich für das mit dem begrifflichen Denken nicht klar Fassbare, für das Paradoxe und Ambivalente: »Utopie wäre über der Identität und über den Widerspruch, ein Miteinander des Verschiedenen« (Adorno 1966, S. 153).

4.6 Differenzen der Postmoderne

Adornos *Negative Dialektik* weist auf ein Denken, das wir in Konturen seit Ende der 1960er-Jahre auf unterschiedlichen Schauplätzen beobachten können. Dieses Denken ist – im Kontrast zum klassischen Denken der alteuropäischen Vernunft und Aufklärung, kurz: der Moderne – ein *postmodernes* Denken. Denn es widersetzt sich dem modernen Wunsch des Identifizierens, indem es seine Praxis im Denken des Nichtidentischen und Ambivalenten zu finden sucht. Dabei geht es diesem postmodernen Denken zum einen darum, die Differenz als Nichtidentisches oder Ambivalentes zu denken, zu theoretisieren, und zum anderen um Orientierungen in Bezug darauf, wie sich dies ebenfalls im Handeln, in der sozialen Praxis niederschlagen kann. Im Folgenden will ich zwei aktuelle Beispiele eines solchen Denkens und Praktizierens benennen und skizzieren, und zwar die Systemtheorie und die Dekonstruktion.

Lyotard hat die *Systemtheorie* noch als klassische moderne Identitätsstrategie bewertet, in der es darum geht, das System zu identifizieren, das seine Teile seinem Ganzen unterordnet (vgl. Lyotard 1979, S. 42 ff). Spätestens 1984 jedoch hat die Systemtheorie – angeregt durch Niklas Luhmann (1984) – einen Paradigmenwechsel vollzogen, vom Konzept Teil/Ganzes zum Differenzmodell. Demnach wird ein System als eine Differenz verstanden, nicht als eine klar identifizierbare und räumlich abgrenzbare Größe, nicht als ein Objekt, sondern als »Un-jekt, also jedenfalls, wenn wir paradox formulieren, nie etwas, das Subjekt oder Objekt in irgendeinem Satz sein könnte« (Fuchs 2001, S. 13). Freilich ist dies durch die Sprache nur schwer vermittelbar. Daher versucht die neuere Systemtheorie es mit Sätzen wie: Das System ist die Differenz von System und Umwelt bzw. die Barre der Unterscheidung System/Umwelt. System ist die Metapher (Fuchs) für eine konditionierte Koproduktion, »ein Bewohner der Differenz, ein differenzielles Phänomen, kein Objekt oder Subjekt mit Eigenschaften« (ebd.). Eigenschaften werden einem System erst durch einen Beobachter zugeschrieben – wobei freilich das System selbst dieser Beobachter sein kann. Ein System wird also erst zu *etwas mit Eigenschaften*, wenn es beobachtet wird.

Der Begriff der Beobachtung, der mit der Physik um 1900 Einzug in die Wissenschaft gehalten hat, nimmt in der neueren Systemtheorie eine Zentralstelle ein. Unterschiedliche Systeme – ob biologische, psychische oder soziale – werden als beobachtende Systeme konzipiert, deren erste Beobachtung jene ist, die eine Unterscheidung zur Umwelt setzt, die durch das fortlaufende ereignisbasierte Beobachten aufrechterhalten wird oder sich auflöst. Beobachten meint also zunächst das Setzen einer Unterscheidung und den Anschluss weiterer Unterscheidungen auf der einen (und nicht der anderen) Seite dieser Unterscheidung. So werden Kommunikationen (als soziale Operationen), Gedanken (als psychische Operationen) und körperliche Lebensprozesse (als biologische Operationen) als Beobachtungen verstanden, die System-Umwelt-Grenzen markieren. Innerhalb eines Systems bleiben diese Operationen aber für sich selbst potenziell unbeobachtbar, unbestimmbar. Erst von einer nachfolgenden Zeitstelle aus können sie beobachtet, bestimmt werden; aber auch die Beobachtung, die vergangene Beobachtungen beobachtet, entzieht sich wiederum der eigenen Bestimmung und Beobachtung und ist auf nachfolgende Bestimmungen bzw. Beobachtungen angewiesen, für die das Gleiche gilt. An diesem Punkt wird deutlich, dass die Systemtheorie etwas kenntlich macht, was Jacques Derrida (1988) »différance« nennt und was Grundlage von Dekonstruktionen ist (vgl. auch Derrida 1986).

Dekonstruktionen beruhen auf der Erkenntnis, dass jede Wirklichkeit auf Konstrukteure dieser Wirklichkeit verweist, nämlich auf Beobachter, die, ausgehend von bestimmten Unterscheidungen, etwas einblenden und anderes ausblenden. Die Ambivalenz, dass, wenn etwas eingeblendet (gesehen, beobachtet) wird, anderes ausgeblendet wird, lässt sich mithilfe des Kunstwortes *différance* bezeichnen. Demnach ist jede Bestimmung (auf was auch immer sie sich bezieht) vorläufig, sie kann im Nachhinein immer wieder neu bestimmt werden. Damit produziert der Versuch der Letztbestimmung nur Aufschübe in eine unerreichbare Zukunft. Die letzte Bestimmung ist nicht erreichbar, denn ihre Eigenschaft, die letzte zu sein, müsste ihr von einer nachfolgenden Bestimmung attestiert werden, womit zugleich die Eigenschaft, letzte Bestimmung zu sein, verloren gegangen wäre.

Dekonstruktionen gehen von dieser Unabschließbarkeit des Bestimmens, des Denkens, des Kommunizierens aus. Sie konfrontieren Versuche, etwas abschließend bestimmen zu wollen, oder Behauptungen, dies bereits erreicht zu haben, mit der Möglichkeit der Kontingenz, dass eben auch andere Bestimmungen plausibel sind. Des Weiteren versuchen sie nachzuvollziehen, wie es in einer Welt, die potenziell unbestimmbar ist, zu Fixierungen und Identitäten kommt. Aber genau dies offenbart sodann, dass derartige Fixierungen und Identitäten nichts weiter sind als Konstruktionen, die zeitlich (historisch), sozial und sachlich kontingent sind.

Die Theorie der postmodernen Sozialarbeit führt genau dies anhand der Sozialen Arbeit vor: Sie konfrontiert die klassischen Bestimmungen und aktuellen Fixierungsversuche Sozialer Arbeit mit ihrer Konstrukthaftigkeit und versucht, das Jenseits der Bestimmungen und Identifizierungen zu erreichen, um sowohl der Theorie als auch der Praxis neue Möglichkeiten der Selbstbestimmung zu offerieren. Zugegeben, eine Selbstbestimmung nach der postmodernen Reflexion ist schwierig, denn sie bleibt temporär, sodass vielmehr das Aushalten der potenziellen Bestimmungs- bzw. Eigenschaftslosigkeit auf der Tagungsordnung steht. Als sicher kann zumindest gelten, was Theodor Bardmann (1996a, S. 11) auf den Punkt bringt:

> »Ein […] Reden über Soziale Arbeit kann im Rahmen des hier gemeinten Theorieprogramms […] nur fragmentarisch, partikular und tentativ sein. Es kann keine erschöpfenden und abschließenden Vorstellungen mehr geben.«

5. Systemtheorie effektiver Sozialarbeit – Zwischen Ambivalenz, System und Erfolg

Womit das letzte Kapitel aufgehört hat, wird hier sowohl theoretisch als auch methodisch fortgeführt:[3] mit der Idee, dass Soziale Arbeit ein sehr flüssiges, wenig stabiles, nie abzuschließendes Geschehen ist, über das nichts Endgültiges, sondern nur Vorläufiges gesagt werden kann. Aber dennoch sollen in diesem Kapitel Möglichkeiten genannt werden, die in den Blick bringen, wie erfolgreiche Soziale Arbeit praktiziert wird. So könnte dieser Text gewissermaßen als Zentrum des Buches gelesen werden, von dem aus das, was bisher gesagt wurde, und das, was in den letzten vier Kapiteln noch ausgeführt wird, weitere Konturen gewinnen kann. Letztlich geht es darum, mit den Bewegungen der postmodernen Sozialen Arbeit zwischen den Polen Ambivalenz, System und Erfolg die aktuelle Praxis aufzuspannen und Erkenntnisse zu gewinnen, die vielleicht provozierend, aber Gewinn bringend und äußerst brauchbar sind.

Ausgangspunkte

Die sozialwissenschaftliche Systemtheorie der Bielefelder Schule wurde in den letzten Jahren in der Sozialen Arbeit vor allem in zweierlei Hinsicht rezipiert: zum einen hinsichtlich der Frage, ob die Soziale Arbeit, ähnlich wie andere gesellschaftliche Bereiche (z. B. Wirtschaft, Politik, Wissenschaft, Religion, Kunst, Massenmedien) auch, als ein Funktionssystem beschrieben werden kann (siehe als Ausgangspunkte des Diskurses insbesondere: Baecker 1994; Fuchs u. Schneider 1995; Bommes u. Scherr 1995). Zum anderen wurde die Systemtheorie benutzt, um das sozialarbeiterische Verständnis von Intervention zu reflektieren und zu befragen (siehe als Ausgangspunkt dazu etwa Bardmann et al. 1991). Genau an diesem Punkt wird angesetzt.

Wenn wir systemtheoretisch von der Annahme ausgehen, dass sich biologische, psychische und soziale Systeme als operational geschlossene, als autopoietische Systeme ausdifferenzieren, die selbstbezogen (selbstreferenziell) agieren und ihrer Umwelt gegenüber

3 Ich danke Andreas Hampe-Grosser für wertvolle Kommentare zu einer früheren Version dieses Kapitels.

autonom sind, wie ist dann überhaupt eine Beeinflussung dieser Systeme von außen, etwa durch Professionelle, möglich?

Kritiker der Systemtheorie Luhmanns und ihrer Rezeption in der Sozialen Arbeit setzen ihre Kritik oft genau an dieser Stelle an, indem sie der sozialwissenschaftlichen Systemtheorie der Bielefelder Version vorwerfen, dass sie die Unbeeinflussbarkeit von Systemen behaupte und damit einigen Professionen (etwa der Sozialen Arbeit) ihrer praktischen und wissenschaftlichen Legitimationsbasis beraube (siehe exemplarisch Klassen 2004). Denn alle Professionen, die Personen- oder Sozialsystemveränderung anstreben, würden damit zu unmöglichen Praxen, die das nicht bewirken könnten, was sie der Öffentlichkeit vorgeben und selbst auch intendieren.

Dass diese Kritik unangemessen ist und möglicherweise auf einem Missverständnis einiger Basisannahmen der sozialwissenschaftlichen Systemtheorie beruht, ist Thema dieses Kapitels. Dennoch ist diese Kritik nicht ganz unverständlich, wenn wir bedenken, dass mit der sozialwissenschaftlichen Systemtheorie oft versucht wurde zu zeigen, warum etwas nicht funktionieren kann oder warum etwas unsicherer und unwahrscheinlicher ist, als wir im Alltag gemeinhin glauben: etwa die Übersetzung von psychischen Handlungsintentionen in soziale Handlungsfolgen; die erfolgreiche Planbarkeit von psychosozialen Prozessen; die Steuerung von Organisationen etc. Daher könnten wir mit Alfred Treml (1994, S. 155) tatsächlich sehr schnell zu der Einschätzung gelangen, dass die »Systemtheorie (nicht) sagt [...], wie man es besser machen kann«, sondern lediglich »erklärt, warum es nicht gegangen ist«. Diese Überzeugung stützt auch Niklas Luhmann (1990a, S. 58), wenn er erklärt, dass die Systemtheorie keine neuen Sicherheiten anbiete, sondern die Unsicherheit des Erkennens und Handelns reflektiere und dafür plausible Gründe anführe.

Trotz der systemtheoretischen Absicht, Gründe für die Unsicherheit des Erkennens und erfolgreichen Handelns zu reflektieren, wollen wir versuchen, die Perspektive zu wechseln, *um nach systemtheoretischen Beschreibungs- und Erklärungsmöglichkeiten zu forschen, die die Erhöhung der Erfolgswahrscheinlichkeit von Handlungen, speziell von sozialarbeiterischen Interventionen, fokussieren können.* Dabei werden jedoch nicht die systemtheoretischen Modelle, die die Grenzen des Erkennens, Handelns und Intervenierens beschreiben und erklären, über Bord geworfen – im Gegenteil: Diese Modelle bilden den Ausgangspunkt der Überlegungen, und zwar zum einen auf der Ebene der systemischen Operationen (5.1) und zum anderen auf der Ebene der systemischen Beobachtungen (5.2). Die Grenzen des erfolgreichen sozialarbeiterischen Handelns werden durch systemtheoretische Reflexionen hinsichtlich der formalen Organisation Sozialer Arbeit noch enger gezogen; dies wollen wir uns ebenfalls anschauen (5.3). Im Anschluss daran werden interaktionelle und organisatorische Möglichkeiten diskutiert, wie auf der Grundlage der referierten systemtheoretischen Modelle und Analysen die Erhöhung der Erfolgswahrscheinlichkeit, ja die Erhöhung der Effektivität Sozialer Arbeit realisiert werden könnte (5.4).

5.1 Theorie operational geschlossener, autopoietischer Systeme

Die sozialwissenschaftliche Systemtheorie beginnt die Beschreibung von Systemen mit einer Unterscheidung, und zwar mit der Unterscheidung von System und Umwelt (vgl. zum Folgenden vor allem Luhmann 1984). Genau genommen ist die Systemtheorie daher eine »Systemumwelttheorie« (Baecker 2002, S. 87). Denn ein System wird nicht als Einheit, sondern als Differenz vorgestellt, und zwar als Differenz, die durch Operationen entsteht, die aneinander anschließen und sich damit von einer Umwelt nicht dazugehöriger Operationen abgrenzen. Wenn von System die Rede ist, dann wird – zumindest implizit – immer auch von Umwelt gesprochen. Denn nur auf der Basis einer Umwelt ist systemische Differenzierung möglich.

Luhmann unterscheidet drei operational geschlossene, autopoietische Systemklassen: biologische Systeme (lebende Organismen), psychische Systeme und soziale Systeme. Jedes dieser Systeme setzt sich different zu einer Umwelt, zu der die anderen Systeme gehören. Diese Differenzsetzung realisiert sich durch spezifische aneinander anschließende Operationen und wird als *Autopoiesis* bezeichnet. Bei den Operationen handelt es sich im Falle biologischer Systeme um Lebensprozesse auf der Ebene der Zellen oder des Stoffwechsels, im Falle psychischer Systeme um aneinander anschließende Gedanken, im Falle sozialer Systeme um aneinander anschließende Kommunikationen. Obwohl sich diese Operationen voneinander abgrenzen, setzen sich die Systeme zugleich jeweils voraus; keines dieser Systeme kann sich ausdifferenzieren, wenn es nicht die Ausdifferenzierung der jeweils anderen Systeme für den Aufbau des eigenen operativen

Netzwerkes nutzen kann. Diese Gleichzeitigkeit von Unabhängigkeit und Abhängigkeit wird mit dem Begriff der *strukturellen Koppelung* bezeichnet.

So entsteht ein soziales System, wenn psychische Systeme Anlass dafür geben, dass die unüberbrückbare Differenz zwischen unterschiedlichen Psychen koordiniert werden muss; genau dies geschieht durch Kommunikation. Kommunikation realisiert sich, bzw. ein soziales Interaktionssystem differenziert sich aus, sobald sich zwei Menschen wechselseitig beobachten und beobachten, dass dies geschieht. In einer solchen sozialen Situation sorgt Kommunikation dafür, dass die Komplexität von möglichen Verhaltensweisen und möglichen Verhaltenserwartungen reduziert wird. Sobald sich etwa zwei bisher fremde Menschen begegnen, ist es für sie zunächst einmal ungewiss, wie sie sich verhalten sollen und was sie als Verhaltensweisen vom jeweils anderen erwarten können. Kommunikationen haben die Funktion, diese doppelte Unsicherheit *(doppelte Kontingenz)* zeitweise zu minimieren, indem sie sich durch Handlungen, die als Mitteilungen von Informationen verstanden werden, mit einer eigenen – vom jeweils Psychischen getrennten – *sozialen* Geschichte, Gegenwart und Zukunft als System ausdifferenzieren.

Für unser Thema ist vor allem interessant, dass autopoietische Systeme von außen nicht direkt und unmittelbar beeinflusst werden können. Geschehnisse in der Umwelt der Systeme stoßen sich an den jeweiligen systemischen Grenzen und können im jeweiligen System nur nach eigenen Maßgaben weiterverarbeitet werden. Ob und wie etwas, was in der Umwelt eines Systems geschieht, von diesem System aufgenommen und weiterverarbeitet wird, hängt vom System ab und nicht von der Umwelt. Daher wird mit der Systemtheorie behauptet, dass autopoietische Systeme von außen lediglich irritiert, gestört oder angeregt werden können, sich selbst, und zwar nach den eigenen Maßgaben und Möglichkeiten, zu verändern. *Die Veränderung autopoietischer Systeme ist somit immer Selbstveränderung.* Diese Selbstveränderung kann von außen, aus der Umwelt angeregt, aber nicht determiniert werden.

Am Beispiel der strukturellen Koppelung von psychischen und sozialen Systemen ist dies relativ leicht verständlich: Kein Gedanke kann so, wie er gedacht wird, in die Kommunikation eingespeist werden. Die gedachte Sprache muss in gesprochene Sprache umgewandelt werden.

Wie die gesprochene Sprache dann im sozialen System aufgenommen wird, woran jeweils angeschlossen wird, unterliegt schon nicht mehr der Kontrolle des psychischen Systems. Es hängt vielmehr vom jeweiligen sozialen System, sozusagen vom sozialen Kontext des Gesprochenen oder des Handelns, ab, wie das, was jeweils gesagt oder was an Verhaltensweisen gezeigt wird, sozial aufgenommen, kommunikativ weiterverarbeitet wird. Kurz gesagt, Gedanken können nicht direkt von Psyche zu Psyche transferiert werden, sondern müssen den Umweg über mitgeteilte Sprache oder über beobachtbare Verhaltensweisen gehen. Genau dadurch entsteht das Soziale als Kommunikationssystem, das wiederum nicht direkt an die Psychen ankoppeln, sondern diese nur anregen kann, selbst Gedanken zu denken.

Wenn wir uns nun die Interaktion von Klient und Sozialarbeiter bzw. Klienten- und Sozialarbeitssystem vorstellen, dann können wir mit der Systemtheorie davon ausgehen, dass durch diese Interaktion ein drittes System entsteht, und zwar das *soziale Beratungssystem* (vgl. Fuchs 1999a, S. 93). Dieses System entwickelt als autopoietisches System eine keigene System-Umwelt-Grenze sowie eigene Geschichte, Gegenwart und Zukunft und kann die beteiligten (strukturell gekoppelten) Systeme – Sozialarbeiter und Klient – nur zu eigenen Operationen anregen, aber nicht determinieren; es kann umgekehrt von diesen ebenfalls nur angeregt, aber nicht determiniert werden.

Die bis hierher referierten systemtheoretischen Beschreibungen können bereits plausibel machen, dass es für die Systemtheorie zunächst unwahrscheinlich ist, dass autopoietische Systeme von außen effektiv, also zielwirksam beeinflusst werden können. Denn es handelt sich um operational geschlossene Systeme, die das, was in der Umwelt passiert, nach eigenen Maßgaben aufnehmen und weiterverarbeiten.

5.2 Systemische Theorie der Beobachtung

Wenn wir mit der sozialwissenschaftlichen Systemtheorie autopoietische Systeme als operational geschlossene Systeme konzipieren, wie können wir uns dann die Orientierung dieser Systeme in ihrer jeweiligen Umwelt vorstellen? Wie schaffen es diese Systeme dann, auf das angemessen zu reagieren, was in ihrer Umwelt passiert? Diesen Fragen wollen wir uns jetzt zuwenden. Denn die Antwort auf diese Fragen verdeutlicht aus einer weiteren Perspektive, dass es zunächst einmal unwahrscheinlich ist, dass effektives Helfen, also Helfen, das als zielwirksam bewertet wird, geschieht bzw. – das sollten wir jetzt sagen: *beobachtet* wird. Denn insbesondere für psychische und soziale Systeme (bedingt auch für biologische Systeme) verwendet die Systemtheorie den Begriff der Beobachtung, um die selbst gesteuerte Orientierung von Systemen in ihrer Umwelt zu beschreiben. Autopoietische Systeme können ihre Umwelt jedoch nicht direkt, nicht unmittelbar beobachten, sondern nur auf der Grundlage ihrer eigenen Operationen – psychische Systeme also nur in Form von Gedanken und soziale Systeme nur in Form von Kommunikation. Eine Beobachtung stellt sich dann ein, wenn ein Unterschied in der Umwelt des Systems zu einem systeminternen Unterschied führt, d. h., wenn im operativen Netzwerk des jeweiligen Systems die Umweltveränderung entsprechend den systemeigenen Maßgaben weiterverarbeitet wird. Genau dann bildet sich eine Information, die nach der geläufigen Definition von Gregory Bateson (1979) als ein Unterschied (in der Umwelt) aufgefasst werden kann, der einen Unterschied (im System) macht. Welche Information das System jedoch bildet, liegt bei ihm selbst und kann von der Umwelt nicht determiniert werden.

An diesem Punkt können wir uns autopoietische Systeme auch – mit Heinz von Foerster (1985) – als nichttriviale Maschinen vorstellen, deren Verhalten im Gegensatz zum Verhalten von trivialen Maschinen nicht vorhersehbar ist. Triviale Maschinen verhalten sich in Abhängigkeit vom Input aus der Umwelt vorhersehbar. Es lässt sich eine eindeutige Verkoppelung beobachten zwischen dem, was in die Maschine eingegeben wird, und dem, was sie als Ergebnis auswirft. Zum Beispiel: Immer wenn X eingegeben wird, kommt Y heraus; immer wenn A eingegeben wird, kommt B heraus etc. Diese Verkoppelungen ändern sich nicht, sie bleiben gewissermaßen zeitlos identisch. Nichttriviale Maschinen sind dem gegenüber solche Maschinen, die hinsichtlich des Verhältnisses von Input und Output Überraschungen produzieren. Diese Maschinen zeigen hinsichtlich der Verkoppelung von Input und Output keine eindeutigen Ergebnisse; aufgrund des Inputs kann nicht vorhergesagt werden, was als Output produziert wird. In Abhängigkeit von der maschineninternen Weiterverarbeitung des Inputs wird ein Output ausgeworfen. In ähnlicher Weise können wir uns die Operationsweise von autopoietischen Systemen vorstellen.

Diesen Systemen, dies hatten wir bereits gesagt, liegt die Differenz von System und Umwelt zugrunde, sie sind genau genommen diese

Differenz, jedenfalls keine Einheiten, keine Objekte, sondern – mit Peter Fuchs (1999a, 2001) ausgedrückt: »Un-jekte«. Autopoietische Systeme zeichnen sich *als beobachtende Systeme* nun dadurch aus, dass sie selbst Differenzen zum Einsatz bringen, um sich in ihrer Umwelt zu orientieren. Dazu benutzen sie eine systeminterne Version, ein systeminternes Modell, eine systeminterne Landkarte der Differenz, die sie ausdifferenziert: der System-Umwelt-Differenz.[4] Mit anderen Worten, eine Umwelt unterscheidet sich von einem autopoietischen System, das die Fähigkeit besitzt, eine eigene, systeminterne Version dieser Differenz (von System und Umwelt) als Orientierungs- bzw. als Beobachtungsmaßstab zu benutzen. Dieser Orientierungs- und Beobachtungsmaßstab ist das, was den systemeigenen Kontext für die Weiterverarbeitung von Unterschieden in der Umwelt von Systemen ermöglicht, die im System zu Unterschieden werden – kurz: *Autopoietische System bilden ihre Informationen nach Maßgabe ihres eigenen Orientierungs- und Beobachtungsmaßstabs.*

Auf der Grundlage der systeminternen Version der Differenz von System und Umwelt beobachten autopoietische Systeme auf der Basis von Unterscheidungen. Um zu beobachten, müssen sie Unterscheidungen einführen, die zu weiteren Unterscheidungen überleiten, die mithin weitere Unterscheidungen nahe legen und aktualisieren und andere Unterscheidungen ausschließen bzw. in einen Möglichkeitsraum verweisen, der nicht jetzt, aber vielleicht später nach anderen, alternativen Unterscheidungen abgesucht werden kann. Für den Unterscheidungsgebrauch, also für die Beobachtungen, gilt das Gleiche, was wir bereits grundsätzlich ausgeführt haben: dass die Systeme von ihrer Umwelt nicht determiniert, sondern nur angeregt werden können. Des Weiteren lassen sich innerhalb der weiten biologischen, psychischen und sozialen Rahmenbedingungen autopoietischer Systeme eine unendliche Vielzahl von jeweiligen Unterscheidungs-, also Beobachtungsmöglichkeiten ausmachen, sodass keine Beobachtung Letzt- bzw. Endgültigkeit beanspruchen kann, weil sie von einer nachfolgenden Beobachtung, für die das Gleiche gilt, wieder infrage gestellt, neu bewertet oder ausgehebelt werden könnte.

4 Im systemtheoretischen Jargon wird die Einführung der System-Umwelt-Unterscheidung als Beobachtungsgrundlage für das System in das System als *Reentry* bezeichnet, als Wiedereintritt der System-Umwelt-Unterscheidung in eine Seite dieser Form: in das System.

Zusammenfassend lässt sich an diesem Punkt sagen: Im Kontext von autopoietischen Systemen muss damit gerechnet werden, dass alles, was gedacht, gesagt oder an Verhaltensweisen gezeigt wird, auf der Grundlage der unterschiedlichsten Unterscheidungen beobachtet werden kann. Dass Beobachtungen verschiedener Beobachter korrelieren oder gar übereinstimmen, ist zunächst einmal unwahrscheinlich. Und so ist die Feststellung, dass sich ein Erfolg im Helfen eingestellt hat, dass eine sozialarbeiterische Hilfe effektiv war, ebenfalls eine Beobachtung, für die das eben Gesagte gilt: Ihr liegt keine strikt fixierbare Tatsache zugrunde, sondern eine systeminterne und -relative Unterscheidung, die für unterschiedliche Beobachter so nicht im gleichen Maße gelten muss; diese können immer auch anders unterscheiden.

5.3 Organisatorische Grenzen erfolgreicher Sozialer Arbeit

Bisher haben wir den Erfolgsbegriff noch nicht bestimmt, d. h. aus unserer Sicht noch nicht unterschieden. Wir haben uns lediglich angeschaut, dass autopoietische Systeme auf der Basis von Unterscheidungen beobachten, die systemrelativ und letztlich eigenbestimmt sind. Außerdem sollte deutlich geworden sein, dass Soziale Arbeit mit ihren Interventionen, die sich in der sozialen Umwelt von sozialen Systemen (etwa von Familien) und von psychischen Systemen (etwa von einzelnen Klienten) befinden, diese Systeme nicht zielgerichtet determinieren, sondern nur dazu anregen kann, sich auf der Grundlage ihrer eigenen Maßgaben und ihrer eigenen Operationen selbst zu verändern. Letztlich kann Soziale Arbeit nur das bewirken, was sie sich bereits seit ihren Anfängen in ihren Selbstbeschreibungen immer wieder sagt: *Hilfe zur Selbsthilfe*. Sie kann lediglich eine Hilfe zweiter Ordnung anbieten, also ihren Klienten helfen, dass diese sich selbst (wieder) helfen. Der Erfolg Sozialer Arbeit wird, ausgehend von dieser sozialarbeiterischen Selbstbeschreibung, dann deutlich, wenn die sozialarbeiterische Hilfe beendet oder reduziert werden kann, weil die Klienten sich wieder – gänzlich oder zumindest wirksamer als vor und während der sozialarbeiterischen Hilfe – selbst helfen können bzw. wenn genau dies (im günstigsten Fall von unterschiedlichen) Beobachtern beobachtet wird.

Die organisatorische Struktur der Sozialen Arbeit verringert jedoch die Wahrscheinlichkeit, dass eine erfolgreiche Hilfe zur Selbsthilfe gelingt. Denn die Organisationen Sozialer Arbeit, ob öffentliche oder freie Träger, lassen sich ebenfalls als operational geschlossene, als autopoietische Systeme verstehen. Und Autopoiesis heißt, dass sich Systeme auf der Basis eigener Operationen, die aneinander anschließen, zum einen ausdifferenzieren und zum anderen erhalten. Die Selbsterhaltung von Systemen ist ebenfalls ein Moment der Autopoiesis.

Sobald sich eine Organisation ausdifferenziert hat, tendiert sie dazu, ihre operationale Schließung, mithin ihre Autopoiesis, auf Dauer zu stellen. Dafür benötigt sie freilich bearbeitungsfähige Themen in ihrer Umwelt. Für sozialarbeiterische Organisationen werden diese Themen von den Klienten geliefert. Wobei Klienten freilich erst zu Klienten werden im Kontakt mit den Organisationen. Eine Organisation legitimiert sich und ihre Entscheidungen durch relevante Themen ihrer Umwelt. Für die Soziale Arbeit heißt dies, dass sozialarbeiterische Organisationen mindestens zu zwei Rollenausdifferenzierungen führen: zu Klienten und Sozialarbeitern oder – professionstheoretisch ausgedrückt: zu Laien und Experten.

Wenn sozialarbeiterische Hilfe anlaufen soll, dann setzt dies voraus, dass eine Organisation Personen die Chance bietet, als Klienten Hilfe in Anspruch zu nehmen. Auf der Basis, dass Klienten Hilfe angeboten wird und dass sie die Hilfe annehmen, vollzieht sich die organisatorische Autopoiesis Sozialer Arbeit. Aufrechterhalten werden kann diese Autopoiesis nur dann, wenn es den Organisationen gelingt, auch in Zukunft Entscheidungen zu treffen und in der Umwelt durchzusetzen, die Hilfen fortführen oder neu beginnen lassen, die also Personen zu Klienten machen. Diese autopoietische Dynamik, diese Tendenz der Kontinuierung von Hilfe kann dem Erfolgskriterium Sozialer Arbeit entgegenlaufen. Denn der Erfolg Sozialer Arbeit zeigt sich dann, wenn Personen die Rolle des Klienten wieder abstreifen können und auf die sozialarbeiterische Organisation nicht mehr angewiesen sind, kurz: wenn eine individuelle Hilfe beendet werden kann, weil der Klient sich wieder selber helfen kann. Allerdings sind sozialarbeiterische Organisationen, ausgehend von ihrer autopoietischen Struktur, vor allem geschult darin, permanent neue Hilfenotwendigkeiten zu entdecken – möglicherweise auch dort, wo bereits erfolgreich geholfen wurde. Die Organisationen erkennen aus organisationsstrukturellen Gründen nicht, dass sie auch die Option haben, nicht zu helfen und dass darin möglicherweise gerade die Erfolgsbedingung für eine Hilfe liegen kann.

Dirk Baecker (1994) hat in diesem Zusammenhang drei Verdachtsmomente formuliert, denen formal organisiertes Helfen unterliegt: *erstens* den *Motivverdacht*, mit dem die Skepsis einhergeht, ob die Hilfe wirklich denjenigen hilft, denen sie Hilfsbedürftigkeit unterstellt, oder ob sie nicht eher der Selbsterhaltung der helfenden Organisation dienlich ist, wie dies die Autopoiesis nahe legt. Vor allem wenn die Bezahlung der Hilfeleistung an den Faktor Zeit gekoppelt ist – wie bei den Hilfen zur Erziehung immer noch üblichen Fachleistungsstunden- oder Tagessätzen – und nicht an den Erfolg, wird augenscheinlich, dass Organisationen der Sozialen Arbeit nicht unbedingt das Ziel haben, Hilfen zu beenden, sondern sie weiterzuführen – zumindest dann, wenn keine neuen Personen in Aussicht sind, denen Hilfe angeboten werden kann. Denn nur die Weiterführung der Hilfe sichert den Geldfluss, der dafür nötig ist, die Organisation ökonomisch zu erhalten.

Zweitens unterliegt formal organisiertes Helfen, also moderne Soziale Arbeit, dem *Stigmatisierungsverdacht*, weil solches Helfen erfordert, dass Personen zu Klienten werden, denen bestimmte Probleme zugeschrieben, die mit Problemmarken versehen werden. Erst diese markierten Probleme legitimieren die helfenden Kommunikationen, mithin die entsprechenden – juristisch und ökonomisch relevanten – Entscheidungen der Organisation. Die Frage wäre hier also, ob nicht die Problemzuschreibung und -markierung die Klienten an etwas bindet, was sie nur noch schwer loswerden, was andere in der Fremdbeobachtung und sie selbst in der Eigenbeobachtung nur schwer abstreifen können: die Rolle als problembelastete, hilfsbedürftige Personen.

Drittens unterliegt formal organisiertes Helfen einem *Effizienzverdacht*, der zu der Frage führt, ob die Hilfe uneffizient ist, weil sie die Potenziale der Selbsthilfe eher verdeckt als hervorholt. Der Effizienzverdacht verweist auf eine grundsätzliche Ambivalenz von Hilfe, nämlich darauf, dass Hilfe auch abhängig und unselbstständig machen kann (siehe dazu auch die Kapitel 2 und 3). Aus Sicht der sozialwissenschaftlichen Systemtheorie wird der Erfolg Sozialer Arbeit, der sich durch die Transformation von Hilfe in Nichthilfe bzw. in erfolgreiche Selbsthilfe zeigt, vor allem deshalb unwahrscheinlich, weil sozialarbeiterische Organisationen auf die Kontinuierung dessen abzielen, was sie als Organisationen ausdifferenziert und erhält: auf helfende Operationen bzw. auf die Kommunikation von Hilfe.

5.4 Strategien zur Steigerung der Effektivität

Nachdem wir uns angeschaut haben, wie unwahrscheinlich es erscheint, Klienten zielgerichtet zu beeinflussen, und dass die formale Organisation Sozialer Arbeit das Ziel der Hilfe zur Nichthilfe bzw. Selbsthilfe strukturell verfehlen kann, soll die Blickrichtung gewendet werden. *Welche Bedingungen können aus systemtheoretischer Sicht aufgespürt werden, die zu einer Erhöhung der Erfolgswahrscheinlichkeit der Sozialen Arbeit führen?*

Zunächst sollten wir freilich konstatieren, dass sich erfolgreiche Hilfen tagtäglich in unterschiedlichsten sozialarbeiterischen Organisationen ereignen. Soziale Arbeit kann – durchaus im Sinne ihres Ziels der Hilfe zur Selbsthilfe – erfolgreich sein. Sie kann Klienten helfen, dass sie sich wieder selbst bestimmt und eigenverantwortlich im Leben einrichten, dass sie ihre Probleme aus eigener Kraft bewältigen und lösen lernen. Wenn wir von den systemtheoretischen Prämissen ausgehen, dann ist dies äußerst interessant und keineswegs selbstverständlich, sondern höchst voraussetzungsvoll. Wenn es also aufgrund der Autopoiesis der Systeme und ihrer immer systemrelativen Beobachtungen unwahrscheinlich ist und hinsichtlich der Organisation Sozialer Arbeit noch aussichtloser erscheint, dass erfolgreich geholfen werden kann, dann stellt sich die Frage, wie es dennoch möglich ist, dass in der Sozialen Arbeit erfolgreich geholfen wird und geholfen werden kann.

Sind die Fälle erfolgreicher Hilfe lediglich Zufälle, oder lassen sie sich systematisch herbeiführen? Gibt es Kriterien des Erfolgs? Lassen sich Bedingungen aufspüren, die erfolgreiche Soziale Arbeit kennzeichnen? Alle diese Fragen könnten als Motoren einer systemtheoretisch inspirierten Forschung angesehen werden, die von den referierten Unwahrscheinlichkeiten und Schwierigkeiten ausgeht und nach möglichen Wegen sucht, wie in der Praxis die Unwahrscheinlichkeiten in Wahrscheinlichkeiten transformiert und wie die Schwierigkeiten zielgerichtet beseitigt werden. Da eine solche Forschung noch in den Kinderschuhen steckt und abgesicherte Erkenntnisse kaum oder noch nicht vorhanden sind, sollen im Folgenden lediglich Vermutungen und Thesen formuliert werden hinsichtlich der Frage, wie die Wahrscheinlichkeit von effektiver Sozialer Arbeit – trotz systemtheoretischer Skepsis und Unsicherheitsreflexionen – systematisch erhöht werden kann. Im Einzelnen werden nachfolgend sieben Beschreibungen von

Voraussetzungen, Bedingungen und Möglichkeiten geboten, deren Beachtung und Umsetzung die Wahrscheinlichkeit erfolgreicher Sozialer Arbeit aus systemtheoretischer Sicht erhöhen kann.

5.4.1 Ironie

Es wäre natürlich äußerst problematisch, wenn sich systemtheoretisch belesene Sozialarbeiterinnen und Sozialarbeiter mit einer fatalistischen oder pessimistischen Haltung in der Praxis bewegen würden – mit einer Haltung, die auf die Klienten so wirkt, dass nicht nur die Helfer, sondern auch die Klienten sich immerfort einreden, dass der Erfolg der Hilfe ohnehin unwahrscheinlich ist und, wenn er passiert, dann nur Zufall sein kann. Eine solche Haltung wäre für Sozialarbeiterinnen und Sozialarbeiter äußerst unbefriedigend, weil sie die Sinnhaftigkeit der eigenen Tätigkeit leugnete. Sozialarbeiterinnen und Sozialarbeiter, die eine solche Haltung einnehmen, werden wohl früher oder später ihren Beruf wechseln. Außerdem ist diese Haltung mit der Systemtheorie nicht gedeckt, denn diese konstatiert zwar die Unwahrscheinlichkeit der zielgerichteten Veränderung autopoietischer Systeme, aber nicht die Unmöglichkeit dieses Unterfangens.

Aus diesem Grund bleibt Sozialarbeitern, die das Engagement und die Freude in ihrem Beruf nicht verlieren wollen, eigentlich nichts anderes übrig, als eine ironische Haltung einzunehmen (siehe Rorty 1989; Willke 1992). Eine solche Haltung ruht einerseits auf dem Wissen der Unwahrscheinlichkeit, dass autopoietische Systeme von außen zielgerichtet verändert werden können, und sie basiert andererseits auf dem permanenten Streben, systemische Veränderungen dennoch immer wieder anzupeilen. Ironisch ist eine solche Haltung deshalb, weil sie verhindert, dass wir angesichts der autopoietischen Verfasstheit der systemischen Welt verzweifeln oder katatonisch im Nichtstun verharren; vielmehr verhilft uns die Ironie zu einer »metastabilen Position« (Rorty 1989, S. 128 mit Referenz auf Sartre), die dazu führt, »nie ganz dazu in der Lage [zu sein], sich selbst ernst zu nehmen«, weil man genau weiß, dass alles, was man tut, anders wirken kann, als man denkt. Wer in dieser Weise ironisch ist, kennt die Notwendigkeit des Einsatzes von Zielen, Hoffnungen und sogar Idealen für das eigene Handeln und Streben, weiß aber auch, dass diese Ziele, Hoffnungen und Ideale wahrscheinlich nie gänzlich erreichbar sind, das endlose Wandern in ihre vermutete Richtung aber dennoch mit unvorhersehbaren Überraschungen belohnt werden kann.

Die ironische Haltung gewinnt vermutlich zusätzlich an Wirksamkeit, wenn sie durch drei alte Tugenden ergänzt wird, durch: Glaube, Hoffnung und Liebe (vgl. Kersting 1991). Denn Sozialarbeiter sollten daran glauben und darauf hoffen, dass die Klienten die jeweils nötigen Veränderungen selbst leisten können, und sie sollten ihre Klienten im weitesten Sinne des Wortes lieben, also das Beste für sie wollen, ohne zu wissen, was das Beste für sie ist.

5.4.2 Mogelei

Die Haltung der Ironie deutet bereits darauf hin, dass effektive Sozialarbeiter so tun müssen, *als ob* ihre Arbeit mit Sicherheit erfolgreich sein würde, obwohl sie dies niemals wissen können und obwohl die systemtheoretische Reflexion zielgerichtete Veränderungserfolge sogar für unwahrscheinlich hält. Sozialarbeiterinnen und Sozialarbeiter benötigen also eine Fiktion, eine Konstruktion, ein durch sie selbst erzeugtes Hilfsmittel, das sie erst motiviert, einen Weg zu gehen, den sie vermutlich nicht gehen würden, wenn sie dieses Hilfsmittel, dieses Konstrukt, diese Fiktion nicht hätten. Mit Dirk Baecker (2002, S 126 ff.) könnten wir auch sagen, dass Sozialarbeiterinnen und Sozialarbeiter eine Mogelei realisieren, denn sie tun so, als könnten sie etwas, was sie eigentlich nicht können können: Systeme zielgerichtet zu verändern; sie tun so, als wüssten sie etwas, was sie eigentlich nicht wissen können: wie sich systemische Veränderungen konkret realisieren und wie ihre Ergebnisse aussehen. Sozialarbeiter, die in dieser Weise agieren, wählen eine Strategie des Als-ob: Sie tun so, *als ob* das Unwahrscheinliche jederzeit möglich wäre, und genau damit – und das ist das Interessante – erhöhen sie (ähnlich wie bei einer sich selbst erfüllenden Prophezeiung) die Wahrscheinlichkeit, dass es möglich wird.

Wie Ronny Lindner (2004) anhand der sozialarbeiterischen Beratung gezeigt hat, steigern Sozialarbeiterinnen und Sozialarbeiter damit die Erfolgswahrscheinlichkeit ihrer Arbeit. Denn sie stellen mit ihrer Haltung Klienten etwas zur Verfügung, was diese nutzen können, um sich auf den Weg zu machen, etwas Neues auszuprobieren: nämlich die Hoffnung und den Glauben, dass sich etwas verändert. Diese Haltung, die Sicherheit in unsicheren Situationen, Veränderungserwartung in scheinbar unveränderlichen Gegebenheiten, Hoffnung in pessimistischer Depression suggeriert, erlaubt den Klienten das, was sie nur selbst können: Selbstveränderungen zu initiieren.

Eine solche Vorgehensweise kann als eine Mogelei gelten, weil sie etwas voraussetzt, was sie eigentlich nicht voraussetzen kann, und weil sie genau dies weiß und es dennoch macht. Sie führt eine Fiktion ein, ohne die das noch unwahrscheinlicher und vielleicht sogar unmöglich werden würde, was sie versucht: zielgerichtete Veränderungen herbeizuführen. Diese Vorgehensweise ist vergleichbar mit der theoretischen Mogelei Niklas Luhmanns, der in seinem ersten Hauptwerk, *Soziale Systeme* (1984, S. 30), schreibt: »Die folgenden Überlegungen gehen davon aus, dass es Systeme gibt«, obwohl er spätestens am Ende seines Werks die konstruktivistische Dimension seiner Theorie aufscheinen lässt (siehe ebd., S. 647 ff.) und damit diesen Satz negiert. Das, was Luhmann mit diesem Satz getan hat und was erfolgreiche Sozialarbeiter mit ihrer Als-ob-Mogelei für Klienten sind, ist vergleichbar mit dem 18. Kamel der folgenden Geschichte (zitiert nach IBS 2004, S. 13):

> »Ein Mullah ritt auf seinem Kamel nach Medina; unterwegs sah er eine Herde von Kamelen; daneben standen drei junge Männer, die offenbar sehr traurig waren. ›Was ist euch geschehen, Freunde?‹, fragte er, und der älteste antwortete: ›Unser Vater ist gestorben.‹ ›Allah möge ihn segnen. Das tut mir leid für euch. Aber er hat euch doch sicherlich etwas hinterlassen?‹ ›Ja‹, antwortete der junge Mann, ›diese siebzehn Kamele. Das ist alles, was er hatte.‹ ›Dann seid doch fröhlich! Was bedrückt euch denn noch?‹ ›Es ist nämlich so‹, fuhr der älteste Bruder fort, ›sein letzter Wille war, dass ich die Hälfte seines Besitzes bekomme, mein jüngerer Bruder ein Drittel und der jüngste ein Neuntel. Wir haben schon alles versucht, um die Kamele aufzuteilen, aber es geht einfach nicht.‹ ›Ist das alles, was euch bekümmert, meine Freunde?‹, fragte der Mullah. ›Nun, dann nehmt für einen Augenblick mein Kamel, und lasst uns sehen, was passiert.‹ Von den achtzehn Kamelen bekam jetzt der älteste Bruder die Hälfte, also neun Kamele; neun blieben übrig. Der mittlere Bruder bekam ein Drittel der achtzehn Kamele, also sechs; jetzt waren noch drei übrig. Und weil der jüngste Bruder ein Neuntel der Kamele bekommen sollte, also zwei, blieb ein Kamel übrig. Es war das Kamel des Mullahs; er stieg wieder auf und ritt weiter und winkte den glücklichen Brüdern zum Abschied lachend zu.«

Das 18. Kamel ist vorhanden, es ist aber auch nicht vorhanden. Die Brüder hätten das Problem auch lösen können, wenn sie das 18. Kamel lediglich als fiktives Kamel dazugedacht, dazuerfunden hätten. Ähnlich verhält es sich mit der Fähigkeit der Sozialen Arbeit, Klienten zu helfen. Letztlich ist das, was Sozialarbeiterinnen und Sozialarbeiter bieten können, die Mogelstrategie des Als-ob. Entscheidend ist also nicht, dass Sozialarbeiter nicht in autopoietische Systeme zielgerichtet hineinintervenieren können, entscheidend ist vielmehr, dass sie und ihre Klienten so tun, als ob dies möglich wäre.

5.4.3 Phasenmodelle

Sozialarbeiterinnen und Sozialarbeiter können ihre ironische Haltung und ihre Mogelei umso besser realisieren, je sicherer sie sind hinsichtlich dessen, was sie tun. Obwohl Sozialarbeiter niemals wissen können, ob das, was sie tun, tatsächlich hilfreich ist für ihre Klienten, müssen sie dieses Unwissen kompensieren können. Diese Kompensation kann beispielsweise über Phasenmodelle erfolgen, die sowohl für die Helfer als auch für die Klienten transparente Ablaufschritte für Hilfeprozesse vorgeben. Derartige Phasenmodelle bieten Sicherheit in unsicheren Situationen. Sie ermöglichen eine Arbeitsweise, die mit dem Ansatz der Lebensweltorientierung als »strukturierte Offenheit« (Thiersch 1993) bezeichnet werden kann. Phasenmodelle bieten ein Wissen über die Gestaltung von Prozessen in Situationen, die ansonsten von Nichtwissen geprägt sind. Sowohl Klienten als auch Sozialarbeiter wissen in akuten Problemsituationen (noch) nicht, was die Lösung des Problems sein könnte. Um aber einer solchen Lösung näher zu kommen, um sich auch in Zeiten des Nichtwissens und der Hilflosigkeit auf den Weg zu machen, eignen sich methodische Phasenmodelle hervorragend.

Case Work	Case Management	Systemisches Case Management
1. Anamnese	1. Assessment (Falleinschätzung)	1. Kontextualisierung bezüglich Fall- und Strukturebene 2. Problembeschreibungen und Ressourcenanalyse
2. Diagnose		3. systemische Hypothesenbildung bezüglich der Problembedingungen
3. Behandlung/Intervention	2. Hilfeplanung 3. Durchführung der Hilfe 4. Monitoring	4. Zielplanung 5. Handlungsplanung und -durchführung/ Intervention
	5. Evaluation und Dokumentation	6. Evaluation: Effektivitäts- und Effizienzanalyse – Dokumentation

Tab. 3: Übersicht über einige verschiedene methodische Phasenmodelle und ihre jeweiligen Bezüge zueinander

Ein klassisches Phasenmodell, das sich in biopsychosozialen Professionen durchgesetzt hat, ist der klassische methodische Dreischritt: Anamnese, Diagnose und Behandlung. In der Sozialen Arbeit sind im Laufe der inzwischen gut 100-jährigen Methodengeschichte differenziertere Prozessabläufe entwickelt worden, die sich aber alle mehr oder weniger anlehnen an den klassischen Dreischritt. Seit einigen Jahren scheint sich insbesondere das Phasenmodell des Case Management in unterschiedlichen Feldern Sozialer Arbeit durchzusetzen (siehe Wendt 1997). In Anlehnung an die klassische Form des Case Management hält inzwischen ebenfalls ein systemisch orientiertes Case Managementmodell Einzug in die Praxis (siehe Kleve et al. 2006).

5.4.4 Unterschiede, die Unterschiede machen

Mit der systemischen Beobachtungstheorie ist sichtbar geworden, dass Systeme sich in ihrer Umwelt orientieren über ein eigenes Modell der System-Umwelt-Differenz. Dieses Modell kann zur Veränderung angeregt werden durch Unterschiede in der Umwelt eines jeweiligen Systems, die im operativen Netzwerk des Systems (in einer jeweiligen Psyche oder in einem Kommunikationssystem) zu systeminternen Unterschieden, also zur Bildung von Informationen, führen. Daraus lässt sich ableiten, dass Sozialarbeiterinnen und Sozialarbeiter, die autopoietische Systeme erfolgreich zur Selbstveränderung anregen wollen, diesen Systemen Differenzerfahrungen ermöglichen müssen (vgl. zum Folgenden ausführlich bereits Kleve 2002).

Damit ist zum Beispiel, bezogen auf die Sozialarbeit, gemeint, dass Sozialarbeiter ihren Klienten neue, veränderte Erfahrungen, Unterschiede zu den bisher bekannten Erfahrungen bieten müssen, damit sich bei den Klienten Veränderungen, eben Unterschiede im Denken und Handeln, einstellen. Und daher sollten Sozialarbeiterinnen und Sozialarbeiter zunächst einmal ihre grundsätzliche Differenz gegenüber den Klienten akzeptieren. Denn erst dann kann Sozialarbeit als (immer fremd und anders bleibender) Teil der Umwelt der Klienten innerhalb dieser Umwelt so wirken, dass die Klienten neue Erfahrungen, z. B. hinsichtlich der Annahme von Hilfe oder bezüglich einer positiven Erfahrung von Kommunikation, machen können, die auf ihre psychischen Einstellungen und Deutungen so wirken, dass sich Verhaltensweisen ändern können. Die Erzeugung, ja die Maximierung von Unterschieden, von Differenzen, um neue Informationen, neue Handlungs- und Denkweisen zu realisieren, wäre somit eine zentrale

Aufgabe der Sozialarbeit, die maßgeblich auf die Erhöhung der Wahrscheinlichkeit des erfolgreichen Helfens wirken kann.

Hierfür lassen sich spezielle Methoden, z. B. das Verfahren des zirkulären Fragens, nennen (siehe etwa Pfeffer 2004). Ein wesentliches Ziel dieses Verfahren ist es, den Klienten dabei zu helfen, eingefahrene, eher problemstabilisierende Sichtweisen zu verändern, neue, ungewohnte Sichtweisen einzunehmen oder solche Sichtweisen von anderen Problembeteiligten zu erfahren. Denn diese Fragetechnik wird so eingesetzt, dass die Problembeteiligten, z. B. Familienmitglieder, nicht über ihre eigenen Wahrnehmungen, Deutungen, Verhaltensweisen oder Erwartungen bezüglich des Problems befragt werden, sondern über die Verhaltensweisen oder Erwartungen der anderen Problembeteiligten. Dabei müssen sie eine veränderte Perspektive einnehmen, sie müssen sozusagen versuchen, aus der Sichtweise der anderen zu beobachten. Allein dies führt bereits zu Differenzen, zu Unterschieden, die problemlösend wirken können. Darüber hinaus wird das, was über die Verhaltensweisen oder Erwartungen der jeweils anderen gesagt wird, Veränderungen bei denen auslösen, über die etwas gesagt wird, die sich das Gesagte, das sich auf sie bezieht, anhören. Denn es kann überraschend wirken, wie das eigene Verhalten aus der Außenperspektive gesehen und gedeutet wird. Mit anderen Worten, die Eigenwahrnehmung kann so mit der Fremdwahrnehmung konfrontiert werden, was in der Regel Reflexionsprozesse, neue Verständnisse, veränderte Bewertungen, andere Sichtweisen, Aha-Erlebnisse, kurz: neue Unterscheidungen und damit neue, brauchbare Informationen entstehen lässt.

Grundsätzlich können wir sagen, dass eine erfolgreiche Sozialarbeit Differenzen hinsichtlich der Art und Weise des möglichen Beobachtens maximiert. Sie führt nämlich zur Differenzierung von unterschiedlichsten Unterscheidungen hinsichtlich des Denkens und Kommunizierens.

Neben dem zirkulären Fragen ist eine weitere Möglichkeit, die Anzahl der möglichen Beobachtungen bzw. ihrer vorausgehenden Unterscheidungen zu maximieren, das Verfahren des Umdeutens bzw. des Reframings (siehe etwa Kleve 2003, S. 192 ff.). Reframing aktiviert nämlich den Möglichkeitssinn, den Robert Musil in seinem Roman *Der Mann ohne Eigenschaften* (1930, S. 16) folgendermaßen charakterisiert:

> »Wer ihn besitzt, sagt beispielsweise nicht: Hier ist dies oder das geschehen, wird geschehen, muss geschehen; sondern erfindet: Hier könnte, sollte oder müsste geschehen; und wenn man ihm von irgendetwas erklärt, dass es so sei, wie es ist, dann denkt er: *Nun, es könnte wahrscheinlich auch anders sein*« (Hervorh.: H. K.).

Und dass alles Beobachtete auf der Grundlage anderer Unterscheidungen immer auch anders beobachtet (und damit beschrieben, erklärt und bewertet) werden kann, ist der Grundgedankte des Umdeutens.

5.4.5 Klientenautonomie

Wenn erfolgreiche Sozialarbeiter so tun, als ob sie etwas könnten, was sie eigentlich nicht können, nämlich autopoietische Systeme zielgerichtet zu verändern, setzt dies dennoch voraus, dass sie die autopoietische Autonomie ihrer Klienten akzeptieren. Denn nur die klientensystemische Autopoiesis ist in ihrer Autonomie in der Lage, die Als-ob-Fiktion der Sozialen Arbeit für sich zu nutzen und neue Wege auszukundschaften und zu gehen, wenn die alten nicht mehr zu den erwünschten Zielen führen. Angesichts operationaler Geschlossenheit autopoietischer Systeme sind alle sozialarbeiterischen Strategien erfolgsfördernd, die versuchen, die Autonomie psychischer und sozialer Systeme zu akzeptieren und zu stützen, von dieser Autonomie auszugehen und sich auf diese einzustellen. Diese Akzeptanz wird in unterschiedlichsten Verfahren und Techniken erfolgreicher Sozialarbeit deutlich; einige wenige dieser Strategien sollen knapp aufgezählt werden:

- die sozialarbeiterische Fähigkeit, Unbestimmtheiten und Ambivalenzen auszuhalten (Ambiguitätstoleranz), im Gegensatz zu dem Bestreben – das allenfalls zur Vermeidung von Selbst- und Fremdgefährdungen angebracht ist –, für die Klienten etwas zu entscheiden, was diese letztlich und langfristig nur selbst entscheiden können;
- das sozialarbeiterische Bestreben, das Klienten dazu anregt, ermuntert und penetrant immer wieder daran erinnert, eigene, konkrete Zielvorstellungen zu formulieren und konkrete Wege auszukundschaften, wie diese Ziele wann wozu mit wem tatsächlich erreicht werden könnten;
- die methodischen Strategien der Sozialraumorientierung, die versuchen, konsequent am Willen und den Interessen der

Menschen sowie an ihren persönlichen und lebensweltlichen sowie an weiteren sozialen Ressourcen anzusetzen (siehe ausführlicher dazu Kapitel 6);

- die Ressourcenorientierung, die an die schier unbegrenzten Potenziale und Fähigkeiten der positiven Selbstveränderung der Klienten glaubt;
- die Ressourcenorientierung, die das scheinbar Selbstverständliche und Normale für beachtenswert betrachtet und Klienten auffordert zu erforschen, wie sie das, was gut funktioniert, erfolgreich realisieren;
- die sozialarbeiterische Fähigkeit, die die Klienten dort stärkt, wo sie sich selbst als veränderungsbereit und als veränderungsfähig sehen.

5.4.6 Postmoderne Organisation

Alle bisher referierten Haltungen und Strategien können ihre Wirksamkeit letztlich nur entfalten, wenn sie gerahmt werden von organisatorischen Bedingungen, die sie stützen. Daher sollen auch auf der organisatorischen Ebene einige Mutmaßungen hinsichtlich der Steigerung der Effektivität der Sozialen Arbeit formuliert werden. Wie müssten sich sozialarbeiterische Organisationen verändern, damit die drei beschriebenen Verdachtsmomente – Motivverdacht, Stigmatisierungsverdacht, Effizienzverdacht – entkräftet werden können?

Den *Motivverdacht* können sozialarbeiterische Organisationen nur entkräften, wenn sie versuchen, ihre Autopoiesis unabhängiger zu machen von der konkreten Arbeit mit den Klienten. Derzeit sichert eine sozialarbeiterische Organisation ihre (insbesondere ökonomische) Autopoiesis dadurch, dass sie sehr viel Energie daransetzt, Klienten zu akquirieren, und sie – zumindest im Fall des Ausbleibens neuer Klienten – zu halten versucht. Denn ihre Finanzierung ist gebunden an die Zeit, die mit einem einzelnen Klienten gearbeitet wird. Die Frage wäre also, wie die Arbeit mit den Klienten entkoppelt werden kann von der Finanzierung der Organisation. Diesbezüglich bieten sich mindestens zwei Möglichkeiten an, wovon die zweite sicherlich die zukunftsträchtigere ist:

Erstens ließe sich auf die klassische Zuwendungsfinanzierung zurückgreifen, wonach eine sozialarbeiterische Organisation von den öffentlichen oder anderen Geldgebern über einen bestimmten Zeitraum finanziert wird, unabhängig davon, wie vielen Klienten jeweils

Hilfen angeboten werden, und unabhängig davon, wie lange diese Hilfen jeweils dauern.

Zweitens wäre ein Modell möglich, über das derzeit fachlich und juristisch heftig gestritten wird: das Modell der Finanzierung über Sozialraumbudgets (siehe Merten 2002b; auch Kapitel 6). Nach diesem Modell vereinbaren Organisationen mit den öffentlichen Geldgebern auf bestimmte soziale Regionen bezogene Budgets, aus denen die Arbeit und der Erhalt der jeweiligen Organisation, sowohl die Fallarbeit als auch darüber hinausgehende Aufgaben, fall-unabhängig finanziert werden.

Entscheidend ist an diesem Punkt, dass die Soziale Arbeit organisatorische Finanzierungsmodelle entwickelt, die das Motiv zu helfen weitgehend entkoppeln von ökonomischen und anderen Selbsterhaltungsdynamiken.

Den *Stigmatisierungsverdacht* entkräften vor allem sozialarbeiterische Organisationen, die Klienten alternative Inklusionsmöglichkeiten, professionstheoretisch eher unübliche Teilhabechancen offerieren (siehe weiterführend dazu Kapitel 8). Demnach werden die Klienten aus ihrer Klientenrolle, die zumindest zu Hilfebeginn aus juristischen und ökonomischen Gründen eingenommen werden muss, entlassen und zu Experten in eigener Sache erklärt. Sozialarbeiterische Organisationen verabschieden sich damit vom klassischen professionellen Rollenmodell, das Laien (Klienten) und Experten (Sozialarbeiter) ausdifferenziert, und eröffnen dort eher symmetrische Beziehungen, wo in der Regel eher Asymmetrie vorausgesetzt und durchgesetzt wird. So werden Klienten zu Kooperationspartnern, die vielleicht nicht aktuell, aber potenziell wissen, was sie brauchen, wollen und welcher Weg für sie der passende ist. Sozialarbeiterinnen und Sozialarbeiter sind in solchen Organisationen Experten dafür, Klienten dabei zu unterstützen, dass sie das Expertenwissen, über das nur sie als Klientenexperten bzw. Expertenklienten verfügen, konstruieren bzw. hervorholen und nutzen können. Der Stigmatisierungsverdacht kann gänzlich fallen gelassen werden, wenn schließlich vermieden wird, Klienten nach vorgepressten Standards zu problematisieren und zu diagnostizieren, wenn vielmehr eine die Diagnosen und Problemzuschreibungen verflüssigende und auflösende Organisationskultur und -sprache gepflegt wird.

Der *Effizienzverdacht* kann verschwinden, wenn Organisationen es schaffen, Hilfen anzubieten und durchzuführen, die die problematische Ambivalenz, dass Hilfe potenziell auch Abhängigkeit, Unselbstständigkeit, Passivität, kurz: Nichthilfe bewirken kann, in eine konstruktive Ambivalenz transformieren. Diese konstruktive Ambivalenz geht mit der Fähigkeit einher, dass Hilfe so schnell wie möglich und so langsam wie nötig Nichthilfe in positiver Hinsicht, mithin die Kompetenz der erfolgreichen Selbsthilfe der Klienten zu realisieren versteht.

5.4.7 Beobachtung der Beobachtungen

Die Frage, ob eine Intervention geglückt ist, ob ein Ziel erreicht wurde, kurz: ob erfolgreich und effektiv geholfen wurde, ist freilich nicht ontologisch mit Blick auf ein Sein, das so ist, wie es eben ist, beantwortbar. Dies dürfte angesichts der Ausführungen zur systemischen Beobachtungstheorie schnell einsichtig sein. Vielmehr ist es zunächst wahrscheinlich, dass die Frage nach einer erfolgreichen Zielerreichung bzw. nach der Effektivität einer Hilfe auf der Grundlage unterschiedlichster Unterscheidungen beantwortet wird. Freilich sind Antworten auf diese Frage abhängig von denen, die sie beantworten, genauer: abhängig von den Unterscheidungen, die jene benutzen, die auf diese Frage eine Antwort geben. So ist es unwahrscheinlich, dass alle an einem Hilfeprozess Beteiligten (z. B. Klienten, Helfer, Geldgeber) von den gleichen Unterscheidungen ausgehen, auf der Grundlage der gleichen Beobachtungen beobachten. Allerdings kann ein Hilfeprozess dazu führen, dass sich diese Unterscheidungen angleichen, dass Beobachter im Laufe der Hilfe Unterscheidungen voneinander lernen und lernen, wie, wo, wann, wem gegenüber und wozu es sinnvoll ist, diese Unterscheidungen den eigenen Beobachtungen und Beschreibungen zugrunde zu legen.

Die These soll daher sein, dass dieses Angleichen von Unterscheidungen in einem Hilfeprozess gelingen kann und dass damit zugleich die Wahrscheinlichkeit steigt, dass mehrere, vielleicht gar alle an einem Hilfeprozess beteiligten Beobachter zur gleichen Antwort kommen bezüglich der Frage, ob eine Hilfe erfolgreich war, ob sie geglückt ist. Aber wie lassen sich unterschiedliche Beobachtungen so aufeinander austarieren, dass dies möglich wird?

Die Antwort auf diese Frage bringt insbesondere eine Haltung in der professionellen Gesprächsführung in den Blick, die es den Beteiligten (nicht nur den Klienten) erlaubt, sich angenommen und wertgeschätzt zu fühlen, und die ihnen signalisiert, dass versucht wird, sie mit ihren je persönlichen, möglicherweise ganz spezifischen und eigensinnigen Unterscheidungen zu verstehen. Eine solche Haltung ist freilich jene, welche Carl Rogers der Praxis als äußerst wirksam empfiehlt, wenn er feststellt (zit. nach Kersting 2002a, S. 11 f.):

> »Wir können […] mit einer gewissen Sicherheit sagen, dass eine Beziehung, in der der Therapeut einen hohen Grad an Kongruenz oder Authentizität, eine sensitive und gründliche Empathie, einen hohen Grad an Beachtung, Respekt, Zuneigung für den Klienten und in dieser Hinsicht Bedingungslosigkeit zeigt, mit hoher Wahrscheinlichkeit eine effektive therapeutische Beziehung ist. Diese Qualitäten sind offensichtlich die primär veränderungsverursachenden Einflüsse.«

Dies gilt freilich auch jenseits therapeutischer Kontexte, auch in beruflichen Beziehungen, im Alltag, kurz: überall dort, wo soziale Interaktionssysteme durch Gespräche entstehen. Demnach haben Gesprächsführer die Aufgabe, die Kommunikation dadurch immer wieder anzuregen, dass sie versuchen, das, was sie von den jeweils anderen (an Unterscheidungen) verstanden (unterschieden) haben, zu paraphrasieren. Diese Paraphrasen wirken im Kommunikationssystem wie ein Unterscheidungsspiegel, in dem Unterscheidungen reflektiert werden, die die Beteiligten daraufhin sichten können, ob und wie sie sich von ihren Unterscheidungen unterscheiden. Letztlich geht es hierbei darum, eine dauerhafte Differenz zu erzeugen zwischen dem, was verstanden, und dem, was gemeint wurde; diese Differenz hält die Kommunikation in Gang und erlaubt es, Themen so lange zu besprechen, bis sie so weit klein gearbeitet wurden, dass zu den nächsten Themen übergegangen werden kann.

Die Technik des Paraphrasierens könnte als permanente Beobachtung unterschiedlicher Beobachtungen verstanden werden. Das Paraphrasieren führt, wenn es im Kommunikationssystem angenommen wird, wenn es zu immer wieder neuen kommunikativen Anschlüssen einlädt, zu einer ganz bestimmten Vernetzung von Kommunikationen. Diese Vernetzung bewirkt, dass der Unterscheidungsgebrauch der Beteiligten zwar nicht identisch wird, sich aber annähert. Es können sich so kommunikative Eigenwerte (vgl. von Foerster 1999, S. 207 ff.) bilden; das sind Beobachtungen, die sich durch das bisherige aneinander anschließende Beobachten ergeben haben und die als nicht mehr veränderungsbedürftig erscheinen, weil alle Beteiligten auf sie immer wieder bestätigend zurück greifen.

Soll eine Hilfe als effektiv betrachtet werden, und zwar aus der Sicht der unterschiedlichen am Hilfeprozess Beteiligten, dann muss sich während des Hilfeprozesses ein Netzwerk von Beobachtungen etablieren, das unterschiedlichste Beobachtungen zusammenführt und im Sinne der beschriebenen Haltung der Gesprächsführung aufeinander bezieht. So können Perspektiven zusammenlaufen, Unterscheidungen korrelieren und unterschiedliche Beobachter Ähnliches beobachten. Ein Hilfeerfolg wird sich dann aus der Sicht der unterschiedlichsten Beobachter ähnlich zeigen. Aber nicht nur in systemtheoretischen, sondern auch im alltagssprachlichen Sinne ist eine Erfolgsbedingung von Hilfe die Fähigkeit, Netzwerke zu knüpfen und diese Netzwerke so zu aktivieren, dass sie den Hilfeprozess in konstruktiver Hinsicht stützen. Dies setzt voraus, dass die Beteiligten hinsichtlich ihrer Sichtweisen ernst genommen und als relevante Beobachter des Hilfegeschehens einbezogen werden. Denn letztlich ist der entscheidende Prozess, der einen Hilfeprozess mit dem Stempel »erfolgreich« oder »effektiv« versieht, eine dementsprechende Beobachtung, die in die relevanten Kommunikationssysteme eingespeist und dort als akzeptable Bewertung angenommen wird.

Teil III: Provokationen des Erfolgs

6. Sozialraumorientierung – Eine systemische Erfolgsstrategie

Die Frage, wie erfolgreiche Sozialarbeit möglich ist, wird in diesem Kapitel auf der Grundlage eines Konzeptes diskutiert, das insbesondere in den letzten Jahren die Gemüter speziell in der Kinder- und Jugendhilfe erregt: auf der Grundlage der Sozialraumorientierung. Sozialraumorientierung ist ein theoretisches und methodisches Konzept für eine postmoderne Sozialarbeit, weil es die Grundprämissen dieser Sozialarbeitstheorie teilt und in einem sich verändernden Sozialstaat versucht, Lebensweltorientierung und Ökonomisierung sowie Hilfe und Nichthilfe zusammen zu denken. Die Provokation dieses Konzeptes liegt insbesondere darin, dass es – zumindest dann, wenn es in allen seinen Dimensionen ernst genommen wird – zu einem grundsätzlichen strukturellen Wandel der Sozialen Arbeit führt, und zwar sowohl auf der Ebene der Fallarbeit als auch hinsichtlich der formalen Organisation.

Ausgangspunkte

Sozialraumorientierung – so lautet also der Begriff für das neue Erfolgsrezept, das in der Kinder- und Jugendhilfe seit einigen Jahren heiß diskutiert wird. Allerdings ist nicht immer klar, dass Sozialraumorientierung ein sozialarbeiterisches Konzept ist, das tatsächlich für eine besondere, ja für eine postmoderne Fachlichkeit steht und sehr erfolgversprechend erscheint. Denn die zahlreichen Papiere, die zu diesem Konzept zirkulieren, die Tagungen, die bisher durchgeführt wurden, um näher zu bestimmen, was mit Sozialraumorientierung genau gemeint ist, wie sie umgesetzt werden soll und in welchem Verhältnis sie zur heutigen Praxis der Kinder- und Jugendhilfe steht, haben bisher vor allem eines bewirkt: Verunsicherung. Der Begriff trägt inzwischen geradezu mythologische Züge. Dies hat jedoch nichts mit dem Konzept selbst zu tun, das auf klassischen wie neueren wissenschaftlich breit diskutierten und ausgearbeiteten theoretischen sowie methodischen Füssen steht. Daher betont Wolfgang Hinte (2002, S. 93) recht bescheiden, dass »an der Formel von der ›Sozialraumorientierung‹ natürlich nicht viel sonderlich neu (ist), aber es grenzt schon an Ignoranz, mit Blick auf Sozialraumorientierung von einer ›eher vagen Programmformel‹ [...] zu sprechen oder von einem ›Mangel an Operationalisierung‹«.

Erst durch die politische Debatte über die Haushaltsdefizite und das Sparen in allen öffentlichen Bereichen wurde Sozialraumorientierung zum Mythos verklärt, der das bewirken soll, was intendiert wird: mehr Effizienz in der Sozialen Arbeit. Die Frage ist allerdings, ob nicht nur mehr Effizienz, also mehr Wirtschaftlichkeit bzw. Sparsamkeit mit der Sozialraumorientierung intendiert wird, sondern auch mehr Effektivität, mehr Zielwirksamkeit im Sinne erfolgreichen und nachhaltigen Helfens. Um diese Frage beantworten zu können, sollten die mythischen Züge dieses Arbeitsansatzes dekonstruiert werden; genau dies wird in diesem Kapitel insbesondere aus systemischer Perspektive versucht. Es soll gezeigt werden, dass es sich bei diesem Konzept um eine nicht nur methodisch und theoretisch, sondern auch strukturell klar und gut umschriebene Orientierung handelt, die zwar einige gesellschaftstheoretische und auch jugendhilferechtliche Fragen aufwirft, aber weitgehend mit aktuellen systemischen Postulaten Sozialer Arbeit im Einklang steht und letztlich nicht nur mehr Wirtschaftlichkeit, sondern vor allem auch eine erhöhte Zielwirksamkeit verspricht. Wenn es gelingt, die Mythisierung dieses Konzeptes zu reduzieren und deutlich zu machen, welche methodischen und strukturellen Überlegungen und Chancen mit der Sozialraumorientierung einhergehen, dann dürfte auch ein beachtliches Stück der aktuellen Verunsicherung genommen sein.

Verunsichert sind die Mitarbeiterinnen und Mitarbeiter sowohl der öffentlichen als auch der freien Träger; unklar scheinen vor allem fünf Prunkte zu sein:

- *erstens:* was es für die methodische Ausgestaltung der Sozialen Arbeit bedeut, sozialraumorientiert vorzugehen;
- *zweitens:* welche strukturellen, vor allem organisatorischen und finanztechnischen Veränderungen eine Sozialraumorientierung mit sich bringt;
- *drittens:* in welchem Verhältnis eine sozialraumorientierte Kinder- und Jugendhilfe zu den gesetzlichen Regelungen des Kinder- und Jugendhilfegesetzes (KJHG/SGB VIII) steht;
- *viertens:* wie die Verantwortungsverteilungen der Sozialen Arbeit zwischen öffentlichen und freien Trägern innerhalb einer

sozialraumorientierten Kinder- und Jugendhilfe zu gestalten sind und schließlich;
- *fünftens:* wie in den jeweiligen sozialen Räumen mit der Vielfalt der freien Träger umgegangen wird, genauer: ob und wie die Pluralität von den öffentlichen Trägern (noch) finanziert wird.

Im Folgenden werde ich versuchen, Antworten auf die ersten drei Fragen zu finden, also etwas ausführen zur methodischen, strukturellen und ansatzweise auch zur juristischen Frage der Sozialraumorientierung. Denn diese Fragen lassen sich aus der wissenschaftlichen, hier vor allem systemtheoretisch unterfütterten Perspektive recht eindeutig und klar beantworten. Die vierte und fünfte Fragestellung werde ich nicht explizit thematisieren; aber auch diesbezüglich können erste Antworten gegeben werden, insbesondere von den Kolleginnen und Kollegen, die in Celle (siehe Schäfer 2002) und in Stuttgart (siehe Stiefel 2002) bereits sozialraumorientierte Sozialarbeit mit ihren verschiedenen methodischen und strukturellen Ausprägungen betreiben.

Hinsichtlich der methodischen, strukturellen und juristischen Fragen liegen zahlreiche Publikationen vor (siehe die *Bibliografie* von Merten, 2002a und darin vor allem die Arbeiten von Hinte 1990–2001; siehe auch Früchtel 2001 oder Budde u. Früchtel 2004), die gründlich herausarbeiten, was unter Sozialraumorientierung zu verstehen ist.

Bei der Sichtung der vorhandenen Literatur wird schnell klar, dass es sich bei der Sozialraumorientierung um einen deutlich umschriebenen Arbeitsansatz handelt, der auf klassischen Orientierungen Sozialer Arbeit (etwa der Gemeinwesenarbeit) aufbaut und ebenfalls mit neueren, insbesondere systemischen Perspektiven begründet werden kann und äußerst tauglich ist für eine postmoderne Sozialarbeit.

Eine andere Sache ist es, dass diese Orientierungen und Perspektiven bisher zumeist nur postuliert, aber kaum realisiert werden. Zu hoffen ist jedoch, dass die Realisierung sozialraumorientierter Sozialarbeit im Interesse der Klientinnen und Klienten erfolgreich voranschreitet. Um die Grundlage dieser Hoffnung zu verdeutlichen, werde ich zunächst einige systemische Vorstellungen von der sozialraumorientierten Methodik im Rahmen aktueller gesellschaftlicher Entwicklungen darlegen (6.1), sodann zur Strukturfrage kommen (6.2) und drittens in einem abschließenden Resümee einige Bemerkungen anfügen zur Frage der Verträglichkeit des Kinder- und Jugendhilfegesetzes mit der Sozialraumorientierung (6.3).

6.1 Methodische Rahmen

Sozialraumorientierte Soziale Arbeit ist eine radikal am Gemeinwesen ausgerichtete Praxis. Daher lässt sich sagen, dass dieser Ansatz ausgeht von der klassischen sozialarbeiterischen Methode bzw. Arbeitsform der Gemeinwesenarbeit (vgl. einführend Galuske 1998; C. W. Müller 2002). Gemeinwesenarbeit unterscheidet sich von den anderen beiden traditionellen Arbeitsformen, der sozialen Einzelfallhilfe und der sozialen Gruppenarbeit, dadurch, dass sie stärker und ausdrücklicher versucht, nicht auf die Verhaltensänderung von Personen zu fokussieren, sondern die sozialen Verhältnisse von Menschen grundsätzlich in die Arbeit mit einzubeziehen. Radikale Formen der Gemeinwesenarbeit intendierten sogar revolutionäre Veränderungen sozialer Verhältnisse. Die grundsätzliche Idee dieser Methodik ist jedenfalls, dass vermieden werde sollte, soziale Probleme einseitig zu individualisieren; vielmehr wird postuliert, dass soziale Probleme, die sich individuell oder familiär zeigen, immer rückbezogen werden sollen auf ihre sozialstrukturellen Entstehungszusammenhänge. Bei der (klassisch gesprochen) Anamnese, Diagnose und Behandlung derartiger Probleme ist daher darauf zu achten, dass vor allem die sozialen Entstehungs- und mögliche soziale Lösungsbedingungen dieser Probleme aufgespürt werden.

Des Weiteren hat Gemeinwesenarbeit einen ausgesprochen stark emanzipatorischen Anspruch, heute würden wir wohl formulieren, dass sie auf *Empowerment* (vgl. Stark 1996) zielt. Den Menschen soll die Verantwortung für die Gestaltung ihrer Lebenszusammenhänge und, damit einhergehend, für die Lösung ihrer Probleme nicht durch Professionelle entzogen werden; vielmehr sollen die Bürgerinnen und Bürger entsprechend ihrer Interessen so ermächtigt, unterstützt und aktiviert werden, dass sie selbst bestimmt ihr Leben gestalten und ihre Probleme lösen können. Dabei geht Gemeinwesenarbeit schließlich auch von der Möglichkeit der Selbstorganisation aus, davon also, dass Bürgerinnen und Bürger, um ihre Interessen durchzusetzen, gemeinschaftlich und organisiert handeln (z. B. in Form von Bürgerinitiativen, Vereinen, Interessengruppen etc.).

Abgesehen von einer kurzen Hochphase Ende der 1960er-, Anfang der 1970er-Jahre hat die Gemeinwesenarbeit in der Bundesrepublik Deutschland (anders als den USA) nicht wirklich Fuß fassen können (vgl. C. W. Müller 2002, S. 38 f.). Möglicherweise ist es ein nicht intendierter, nicht gewollter Effekt des bisher gut ausgebauten deutschen Sozialstaates, dass sich die Menschen auf die professionell organisierten sozialarbeiterischen Dienstleistungen so verlassen konnten, dass sie nur begrenzt im Sinne der Gemeinwesenarbeit selbst aktiv wurden (bzw. werden mussten). Aber dieser gut ausgebaute Sozialstaat steht bekanntlich seit einigen Jahren infrage (siehe ausführlich dazu Kapitel 2); es wird derzeit an Reformen unterschiedlicher sozialstaatlicher Leistungen gearbeitet, die offenbar das nötig machen, was in Deutschland bisher nicht notwendig war: eine gut ausgebaute Gemeinwesenarbeit.

Dabei zeigen sich jedoch ambivalente gesellschaftliche Entwicklungen, die nicht unerwähnt bleiben sollten, bevor mit den methodischen Prinzipien der Sozialraumorientierung fortgefahren wird – und zwar *erstens,* dass heute von staatlicher Seite etwas von den Bürgerinnen und Bürgern erwartet wird, was Ende der 1960er-Jahre von nichtstaatlichen Reformbewegungen gefordert wurde, wofür diese Bewegungen kämpften, nämlich eigenverantwortliches und selbst bestimmtes Handeln (vgl. Honneth 2002; Mührel 2003). Das, was engagierte Leute einstmals dem Staat abzutrotzen versuchten, die selbstverantwortliche Gestaltung ihrer Lebenswelten, verschreibt der Staat inzwischen den Menschen als Therapie, um die Verschuldung der Kommunen, der Länder und des Bundes zu kurieren. *Zweitens* muss jedoch grundsätzlich gefragt werden, ob diese Therapie wirken wird. Seit den 1960er- und 1970er-Jahren haben sich nicht nur die sozialen, sondern auch die psychischen und emotionalen Verhältnisse in Deutschland, ja in der gesamten westlichen Welt grundlegend verändert. Die Prozesse der Individualisierung (siehe Beck 1986), Desintegration (siehe Honneth 1994) und funktionalen Differenzierung (siehe Luhmann 1997) sind inzwischen so weit vorangeschritten, dass die Menschen möglicherweise nur noch bedingt das realisieren können, was die Politik von ihnen an Selbstverantwortung, gegenseitiger Solidarität und Integrationsleistung verlangt.

Wie kann man die politische Erwartung bezüglich eines zugleich selbstverantwortlichen und mit anderen Menschen in solidarischer Gemeinschaft verbundenen Lebens realisieren, wenn die wirtschaftlichen Verhältnisse eine Persönlichkeitsstruktur herausfordern, die diese Prinzipien permanent infrage stellt und aushöhlt: nämlich den mit anderen immerfort um Chancen und Ressourcen konkurrierenden kognitiv, emotional und sozial mobilen und »flexiblen Menschen« (vgl.

Sennet 1998)? Dieser flexible Mensch muss vor allem versuchen, sein »eigenes Leben« (Beck et al. 1997) mit seinen Risiken und Chancen zu gestalten. Dabei scheint er angewiesen zu sein auf die vielfältigen und ausgebauten sozialen Dienstleistungssysteme; erst diese ermöglichen offenbar seinen Status als physisch, psychisch und sozial überlebensfähiges Individuum (vgl. Leiserung 1997).

So haben auch gerade die gut ausgebauten sozialarbeiterischen Einrichtungen dafür gesorgt, dass wir vielerlei (berechtigte oder unberechtigte) Ansprüche an staatliche bzw. professionelle Einrichtungen stellen, die (noch) befriedigt werden, sodass wir weite Teile unserer Eigen- und Gemeinschaftsverantwortung an sozialstaatliche Institutionen abgeben können. Nun jedoch sollen diese Institutionen zurückgefahren werden, und von den Menschen wird erwartet, dass sie ihre diesbezüglichen Ansprüche herunterschrauben. Was aber passieren wird, wenn in absehbarer Zeit die individuellen Erwartungen hinsichtlich sozialstaatlicher Unterstützung aufgrund der finanziellen Engpässe nicht mehr erfüllt werden können, ist kaum prognostizierbar. Ob die Menschen sich selbst organisieren und sich wieder stärker in Richtung Selbsthilfe und gegenseitiger Solidarisierung bewegen oder ob die sozialen Probleme zunehmen und eskalieren werden, kann nicht vorhergesagt werden. Am wahrscheinlichsten ist, dass es sowohl die eine als auch die andere Entwicklung, Gewinner und Verlierer dieses Trends geben wird. Also auch hier scheint wieder Ambivalenz auf.

Auch die sozialarbeiterische Methodik innerhalb eines sozialraumorientierten Ansatzes steht im Widerspruch zu gesellschaftlichen Trends der Flexibilisierung, Entsolidarisierung und Konkurrenz, die die wirtschaftliche Grundstruktur unserer (kapitalistischen) Gesellschaft bilden. Entgegen diesen sozialstrukturellen Dynamiken setzt die Sozialraumorientierung zugleich auf Selbst- und auf Gemeinschaftsverantwortung der Bürgerinnen und Bürger, auf bürgerschaftliches Engagement. Genau dieser Aspekt trägt ihr den Verdacht ein, sie betreibe »Sozialromantik« und versuche etwas wiederherzustellen, das irreversibel verloren gegangen sei: durch gegenseitige Unterstützung geprägte soziale Räume (vgl. exemplarisch zu dieser Kritik Schipmann 2002, S. 137; Wiesner 2002, S. 179).

Vor dem Hintergrund dieser sozialstrukturellen Entwicklungen kann festgehalten werden, dass die sozialraumorientierte Arbeit von den klassischen Prinzipien der Gemeinwesenarbeit ausgeht: von einem emanzipatorischen Anspruch, von Empowerment sowie von

Selbst- und Gemeinschaftsverantwortung; ob und wie aber diese Prinzipien einlösbar sind, kann nicht abschließend beantwortet werden. Ein Grundansatz der sozialraumorientierten Sozialarbeit lässt sich jedoch zweifelsfrei realisieren, und zwar der Einbezug der sozialstrukturellen Bedingungen bei der Beschreibung, Erklärung und Bewertung individuell sich zeigender sozialer Probleme. Gerade dieser zentrale Aspekt des Einbezugs der sozialstrukturellen Bedingungen der Probleme der Klientinnen und Klienten müsste bei den Jugendämtern und freien Trägern ohnehin auf besonders weit geöffnete Türen stoßen. Denn eine in der Kinder- und Jugendhilfe inzwischen weit verbreitete Orientierung Sozialer Arbeit ist damit äußerst kompatibel, ja methodisch und theoretisch längst durchaus ausgefeilter als Gemeinwesenarbeit und Sozialraumorientierung, nämlich die aus der Familientherapie hervorgegangene systemische Perspektive (siehe etwa Pfeifer-Schaupp 1995, 2002; Hosemann u. Geiling 2005). Die methodische Ausgestaltung der Sozialraumorientierung ist im Grunde genommen nichts anderes als eine strikt systemisch ausgerichtete Soziale Arbeit. Dies wird deutlich, wenn wir die fünf von Hinte (z. B. 2002, S. 92) immer wieder referierten methodischen Prinzipien der Sozialraumorientierung durch eine systemische Brille betrachten:

6.1.1 Wille der Betroffenen

Der systemische Ansatz lehrt uns, dass wir erfolgreiche Soziale Arbeit nur betreiben können, wenn wir vom Willen und den Interessen der Klientinnen und Klienten ausgehen. Denn Menschen sind autopoietische, nichttriviale Systeme, die im Rahmen von Hilfe oder Therapie höchstens angeregt werden können, sich selbst zu verändern (siehe ausführlich dazu Kapitel 5). Und eine Anregung zur Selbstveränderung ist nur möglich, wenn die Menschen *erstens* überhaupt angeregt werden wollen und wenn sie *zweitens* wissen, was sie mithilfe der Anregungen erreichen möchten. Die Soziale Arbeit hat daher die Aufgabe, Menschen dabei zu unterstützen, dass sie (für sich, also subjektiv) herausfinden und (für andere, also sozial) verbalisieren, was sie selber wollen und wie sie dies erreichen können. Bei dieser durchaus sehr komplizierten und schwierigen Kommunikationsarbeit können methodische Ansätze, z. B. das systemische Case Management (vgl. Kleve et al. 2006), Strukturierungshilfen geben. Denn es ist erforderlich, dass die Menschen zunächst einmal den Raum bekommen, zu überlegen und zu sagen, was aus ihrer Sicht ihr Problem ist (Anamnese), wie sie sich das Problem erklären (Diagnose), welche Ziele sie haben, was sie bisher getan haben und was sie zukünftig tun wollen oder könnten (Behandlung), um diese Ziele zu realisieren.

Die Professionalität Sozialer Arbeit besteht darin, gemeinsam mit den Menschen, ausgehend von ihren Deutungen, Sichtweisen und Konstruktionen, realisierbare Ziele zu vereinbaren und die Handlungen zur Zielerreichung zu konkretisieren und zu realisieren. Ausschlaggebend ist dabei – dies kann in der Tat nicht oft genug betont werden –, dass die Willensbekundungen und die Interessen der Klientinnen und Klienten im Mittelpunkt stehen und nicht jene der Sozialarbeiterinnen und Sozialarbeiter.

6.1.2. Aktivierung zur Selbsthilfe

Aktivierung zur Selbsthilfe: Dies ist zweifellos ein altes, aber möglicherweise das entscheidende Grundprinzip der Sozialen Arbeit, das sich ja die meisten Sozialarbeiterinnen und Sozialarbeiter auch auf ihre Fahnen schreiben. Auch hier bietet der systemische Ansatz eine ausgearbeitete theoretische Begründung dafür, warum erfolgreiche Sozialarbeit nur eine aktivierende Arbeit und eine Förderung zur Selbsthilfe sein kann. Denn professionelle Helferinnen und Helfer können nach diesem Ansatz ohnehin nichts anderes, als dabei zu helfen, dass Menschen sich wieder selber helfen können. Denn, wie gesagt, autopoietische, nichttriviale Systeme lassen sich von außen nicht zielgerichtet beeinflussen. Das, was sie tun, ist immer ein selbstbestimmtes Tun. Dennoch können sich natürlich Hilfemuster und -logiken einstellen, die die Selbsthilfepotenziale der Klientinnen und Klienten eher verdecken, verschütten, als sie zu aktivieren und zu fördern (siehe dazu weiterführend Kapitel 8). Diese Tendenz resultiert daraus, dass Hilfe – wie insbesondere im zweiten und drittel Kapitel ausführlich gezeigt wurde – grundsätzlich ambivalent ist, dass sie, sobald sie geleistet wird, immer auch in ihr Gegenteil, in die Nichthilfe – in Form der Förderung von Unselbstständigkeit und Abhängigkeit – umschlagen kann.

Die Professionalität von Sozialarbeiterinnen und Sozialarbeitern sollte immer auch darin bestehen, dass sie dies wissen und methodische Prinzipien kennen, um die Wahrscheinlichkeit zu minimieren, dass Hilfe in ihr problematisches Gegenteil umschlägt. Der systemische Ansatz in Beratung und Therapie, insbesondere der strikt lösungsorientierte, bietet eine Vielzahl solcher Prinzipien (siehe dazu etwa Berg 1991; de Shazer 1989, 1996). Des Weiteren trägt aber bereits ein effizienter, also sparsamer Einsatz von professioneller Hilfezeit und von professionellem Personal dazu bei, dass sich die Wahrscheinlichkeit von problematischer Nichthilfe verringert. Denn mit dem Anwachsen der Hilfezeit und des Hilfepersonals steigt auch die Wahrscheinlichkeit, dass Hilfe zur Unselbstständigkeit und Abhängigkeit von den Professionellen führt. Helferinnen und Helfer sollten also immer im Kopf haben, dass sie nicht in negativer, sondern vielmehr in positiver Hinsicht Nichthilfe anstreben – nämlich eine Nichthilfe, die möglich wird, weil die Klientinnen und Klienten aufgrund ihrer aktivierten und geförderten Selbsthilfekräfte sich wieder selber erfolgreich helfen können.

6.1.3 Ressourcen

Eine an Selbsthilfe orientierte Hilfe, die effizient mit Zeit und Personal umgeht, um ihre Effektivität, also ihre Zielwirksamkeit, zu optimieren, ist freilich nur unter bestimmten Voraussetzungen möglich. Eine solche Voraussetzung ist, dass die Helferinnen und Helfer weder explizit noch implizit (etwa unbewusst) die vermeintlichen Defizite der Klientinnen und Klienten durch ihre Arbeit kompensieren. Vielmehr geht eine sozialraumorientierte Arbeit von einem Prinzip aus, das zu dem – wie man vielleicht sagen könnte – sozialarbeiterischen Urwissen gehört: dort anzusetzen, wo die Ressourcen der Klientinnen und Klienten sind, wo diese aktiviert und nutzbar gemacht werden können. Eine erfolgreiche Aktivierung von Ressourcen setzt voraus, dass zunächst einmal Ressourcen beobachtet werden können. Dabei kann wiederum der systemische Ansatz helfen, der durch vielfältige Techniken Ressourcen zu entdecken erlaubt, z. B. durch gründliche Kontextklärung eines Falls in seiner systemischen, also sozialen Dynamik (z. B. durch Geno- bzw. Soziogramme, Umdeutungen, Perspektivenwechsel etc.).

Dabei lassen sich mindestens vier unterschiedliche Dimensionen von Ressourcen unterscheiden: *erstens:* die persönlichen, individuellen Ressourcen der Menschen (Fähigkeiten, Eigenschaften etc.); *zweitens:* die sozialen Ressourcen der Menschen in ihrer Lebenswelt, in ihrem privaten Raum, also Beziehungsressourcen in der Familie oder Verwandtschaft, Nachbarschaft etc.; *drittens:* soziale Ressourcen im öffentlichen (Sozial-)Raum, also Beziehungsressourcen der Menschen hinsichtlich professioneller bzw. öffentlicher Einrichtungen (z. B. Kontakte zu Ärzten, Sozialarbeitern, Erziehern, Lehrern); und schließlich *viertens:* materielle Ressourcen der Menschen.

Versierten und erfolgreichen Sozialarbeiterinnen und Sozialarbeitern fällt es in der Regel nicht schwer, persönliche und zum Teil auch lebensweltlich-private Beziehungsressourcen der Menschen zu entdecken und zu aktivieren. Die Beobachtung und Aktivierung von öffentlichen Beziehungs- und materiellen Ressourcen kann jedoch äußerst kompliziert bzw. unmöglich sein. Denn inwieweit öffentliche Beziehungsressourcen für die Hilfe aktiviert werden können, hängt von der materiellen Ausstattung eines Sozialraumes ab. Wenn, wie derzeit nicht selten, viele Stellen bei den freien Trägern der Kinder- und Jugendarbeit aufgrund der Sparpläne zur Disposition stehen, dann werden damit ebenfalls die Möglichkeiten der Entdeckung von öffentlichen Beziehungsressourcen minimiert. Materielle Ressourcen schließlich haben zumeist die wenigsten Klientinnen und Klienten der Sozialen Arbeit – zumindest oft nicht diejenigen, denen es aus eigener und aus fremder Perspektive am schlechtesten geht.

Festhalten können wir an dieser Stelle, dass es ein zentrales Prinzip einer sozialraumorientierten Sozialen Arbeit ist, von den Ressourcen auszugehen. Das bedeutet dann konkret, dass Sozialarbeiterinnen und Sozialarbeiter nicht die vermeintlichen Defizite der Klientinnen und Klienten zu kompensieren versuchen, sondern dass sie dabei helfen, dass persönliche, soziale und materielle Ressourcen entdeckt und aktiviert werden, damit die Klientinnen und Klienten ihr Leben selbst bestimmt gestalten können. Eine solche ressourcenorientierte Arbeit kann schließlich deshalb als systemisch orientiert gelten, weil sie ähnlich verfährt wie die systemische Therapie im Vergleich zur klassischen Psychoanalyse.

In der klassischen Psychoanalyse ist das Medium für die therapeutische Veränderung in erster Linie die Beziehung zwischen dem Therapeuten und dem Klienten; was in dieser Beziehung geschieht, wird als entscheidend für den Therapieprozess angesehen. Daher setzt diese Therapiemethode mindestens 300 Stunden Therapiezeit an, die sich über drei Jahre erstreckt und in der intensivsten Phase durch wöchentlich drei Therapiesitzungen realisiert wird. Es liegt auf der Hand, dass Klientinnen und Klienten eine starke Abhängigkeit vom Therapeuten entwickeln, welche konzeptionell sogar erwünscht ist und als Übertragungsliebe bezeichnet wird. Im Gegensatz dazu geht die systemische Therapie davon aus, dass das Entscheidente nicht in, sondern zwischen den Therapiesitzungen in den Lebenswelten der Klientinnen und Klienten geschieht, in den privaten Beziehungen, in denen neue Sicht- und Verhaltensweisen ausprobiert werden können, deren soziale und individuelle Wirkungen in den jeweils folgenden Therapiesitzungen auswertbar sind. Aus diesem Grund kann die systemische Therapie effizienter mit Zeit umgehen, arbeitet sie mit weitaus weniger Sitzungen als die Psychoanalyse (vgl. ausführlich dazu König u. Simon 2001).

6.1.4 Zielgruppen- und bereichsübergreifender Arbeitsansatz

Sozialraumorientierte Arbeit lässt sich nicht eingrenzen auf klar unterschiedene Zielgruppen und Bereiche – genauso wenig, wie sich die Probleme der Klientinnen und Klienten einsortieren in klar umgrenzte diagnostische Begriffe und Erklärungen. Die Erfahrungen einer hochgradig professionalisierten Sozialen Arbeit sowie auch der Psychotherapie und Psychiatrie legen nahe, dass es häufig nicht die Aussagen der Klientinnen und Klienten über ihre Probleme und Schwierigkeiten sind, die die professionellen Problembeschreibungen und empfohlenen Lösungsansätze herausfordern, sondern dass die Programme und Konzepte der jeweiligen Einrichtungen bestimmen, wie ein Problem gesehen und behandelt wird. »Ein bestimmtes Angebot erzieherischer Hilfen schafft seine ihm korrespondierende Nachfrage und *nicht* umgekehrt« (Merten 2002b, S. 12; Hervorh. im Orig.). Diese Selbstreferenz (vgl. Kleve 1996/2003, S. 31 ff.) ist freilich äußerst kontraproduktiv und torpediert die bereits beschriebenen Arbeitsprinzipien.

Je spezialisierter Soziale Arbeit jeweils ist, desto eher tendiert sie dazu, die Probleme von Klientinnen und Klienten in vorstrukturierte Raster einzusortieren. Aus diesem Grund ist nach wie vor der klassische Generalismus Sozialer Arbeit – auch »Ganzheitlichkeit« oder, moderner, mit Hans Thiersch (1992) »Lebensweltorientierung« genannt – ein Prinzip, das diesem Effekt entgegenwirken kann.

Des Weiteren sollten beispielsweise Einrichtungen, die Hilfen zur Erziehung anbieten, sich lösen von den KJHG-Säulen der §§ 27 ff. Demnach sind flexible Erziehungshilfe-Settings gefragt (M. Müller 2003), in denen nicht die unterschiedlichen Hilfearten bestimmen, welche Hilfe einem Menschen gewährt wird; sondern die konkreten, von den Klientinnen und Klienten selbst artikulierten Probleme sowie ihre diesbezüglichen Willensbekundungen und Interessen sollten determinieren, wie eine Hilfe aussieht. Um aber solche maßgeschneiderten Hilfen, solche »Maßanzüge« (Hinte 2002), zu konstruieren, ist eine gründliche und gekonnte dialogische Fallarbeit, eine wirklich intensive professionelle Falleinschätzung und Hilfeplanung, notwendig (siehe für methodische Anregungen dazu Kleve et al. 2006).

Neben dem Erfordernis eines professionellen Case Management, das vom Willen und den Interessen der Menschen ausgeht, setzt ein zielgruppen- und bereichsübergreifender Ansatz jedoch auch Veränderungen hinsichtlich der Finanzierungsstruktur voraus, wie ich noch ausführlicher darstellen werde (siehe Abschnitt 6.2). Schließlich erfordert ein sozialraumorientiertes Vorgehen die Öffnung der Kinder- und Jugendhilfe gegenüber anderen öffentlichen Ressourcen des Sozialraums, eine Zusammenarbeit mit den sozialen Einrichtungen und Systemen, mit denen Menschen täglich zu tun haben.

6.1.5 Kooperation und Koordination

Nicht nur die Aktivierung und Förderung der Ressourcen ist im Rahmen einer sozialraumorientierten Arbeit notwendig, sondern zweifellos auch die Kooperation und Abstimmung der Ressourcen. Im Rahmen von systemisch orientierten Case-Management-Prozessen haben Sozialarbeiterinnen und Sozialarbeiter – nach der Klärung der Interessen und Aufträge – die Aufgabe, in Problembeschreibungs- und Ressourcen-Analyseprozessen zunächst persönliche, soziale und materielle Ressourcen zu erheben, ja möglicherweise durch Umdeutungen und Perspektivenwechsel erst beobachtbar zu machen. Sodann gilt es, mit den Klientinnen und Klienten zu überlegen und zu erarbeiten, wie die erhobenen Ressourcen nutzbar gemacht werden können, damit die Lösung der aktuellen Probleme angegangen werden kann. Im Weiteren wird es dann notwendig, zu betrachten, welche Ressourcen noch dafür fehlen, erfolgreiche Problemlösungen zu initiieren, und wo diese Ressourcen wie und von wem aktiviert werden können.

Generell gilt dabei eine Orientierung, die dem klassischen Subsidiaritätsprinzip entspricht, dass nämlich zuallererst die Möglichkeiten und Ressourcen der lebensweltlichen (privaten) und sozialräumlich gegebenen öffentlichen Räume aktiviert und gefördert werden sollen, bevor professionelle Ressourcen der Sozialen Arbeit in Anschlag gebracht werden. Bevor die Soziale Arbeit Defizite kompensiert, die bisher durch die Klientinnen und Klienten selbst nicht behoben werden konnten, soll grundsätzlich versucht werden, die Angebote der

Lebenswelt und des Sozialraumes zu nutzen bzw. solche Angebote aufzuspüren, zu schaffen und zu aktivieren. Die Frage ist allerdings, was passiert, wenn derartige sozialräumlichen Angebote nicht existieren. Festhalten können wir jedenfalls, dass sozialraumorientierte Soziale Arbeit ein äußerst gekonntes Case Management erfordert, durch das Ressourcen nicht nur aktiviert, sondern auch innerhalb von unterschiedlichsten Kooperationsbeziehungen vernetzt und verstrickt werden (vgl. exemplarisch dazu Hampe-Grosser u. Kleve 2005).

6.2 Struktur und Organisation

Wer glaubt, dass eine entsprechende, z. B. die erläuterte systemisch orientierte Methodik ausreichend dafür ist, die Kinder- und Jugendhilfe im Sinne der Sozialraumorientierung voranzubringen, der ist etwas zu optimistisch. Das erfolgreiche Implementieren von methodischen Innovationen setzt freilich auch dementsprechende Strukturen des Arbeitens und Wirtschaftens voraus, benötigt eine postmoderne Organisation (siehe bereits dazu Abschnitt 5.4.6). Ich möchte mich hier auf die Struktur des Wirtschaftens, auf die Finanzstruktur beziehen, um zu zeigen, warum die derzeitige Finanzierung der freien Erziehungshilfeträger über Fachleistungsstundensätze, die so genannte Entgeltfinanzierung nach den §§ 78a bis 78 f. SGB VIII (KJHG), der erfolgreichen Realisierung einer systemischen und sozialraumorientierten Sozialen Arbeit zuwiderläuft (vgl. dazu bereits Kleve 1999, S. 200 f.). Vorausgeschickt werden soll sogleich, dass vermutlich nur die vielfach kritisierten Sozialraumbudgets (siehe zur vehementen Kritik etwa Krölls 2002) das einlösen können, was die oben beschriebene Methodik intendiert: nämlich sowohl im Sinne der Klientinnen und Klienten als auch bezüglich begrenzter finanzieller Ressourcen effizienter (also wirtschaftlicher) und effektiver (also zielwirksamer) sozialpädagogisch zu helfen.

Ausgehend von der luhmannschen Systemtheorie (siehe ausführlicher Kapitel 5), kann man sagen, dass die Soziale Arbeit, wie andere gesellschaftlichen Systeme auch, ein autopoietisches System ist (vgl. Baecker 1994; Fuchs u. Schneider 1995; Kleve 1996/2003, 1999, 2000). Ein solches System lebt davon, dass es sich auf der Grundlage bestimmter Operationen ausdifferenziert und versuchen muss, diese operationale Ausdifferenzierung auf Dauer zu stellen, will es sich auch weiterhin und zukünftig als System erhalten. Diesbezüglich sorgt die Wirtschaft als autopoietisches System (vgl. Luhmann 1988) dafür, bei

Menschen (z. B. durch gezielte und psychologisch ausgeklügelte Werbung) permanent Kaufbereitschaften zu erzeugen. Denn nur Zahlungen, die sich beim Kauf ergeben, sichern dem System sein Überleben. Das Gesundheitssystem beispielsweise sichert seine Existenz über die Identifizierung von Krankheiten; nur wenn es dem System gelingt, Krankheiten zu entdecken, fließen die Gelder der Krankenkassen und -versicherungen, die auch die zukünftige Ausdifferenzierung dieses Systems gewährleisten (vgl. Luhmann 1990b).

Nicht anders verhält es sich erwartungsgemäß mit der Sozialen Arbeit. Auch in dieser Profession läuft etwas Analoges ab: Hier geht es darum, soziale Probleme und Defizite aufzuspüren und Menschen dabei zu unterstützen, diese Probleme zu lösen bzw. ihre Defizite zu beheben. Das System läuft an und sichert seine Existenz jedoch gerade dann nicht, wenn es Probleme löst und Defizite behebt, sondern indem es diese feststellt und professionelle Praktiken zur Problemlösung und Defizitbehebung realisieren kann. Denn die einzelfallorientierten rechtlichen Regelungen der Sozialgesetze sehen vor, dass die (für gesellschaftliche Systeme im Kapitalismus) nötige Energie Geld dann fließt, wenn individuelle Fälle problematisiert und mit Hilfeprogrammen Lösungen in Aussicht gestellt werden können. Möglicherweise nicht so sehr hinsichtlich der öffentlichen Träger (deren staatliche Finanzierung ist in der Regel fallunabhängig gesichert), sondern vor allem im Blick auf die freien Träger wird deutlich, dass das Fließen von Geld an den Einzelfall und an die Zeit gekoppelt ist, die mit dem Einzelfall gearbeitet wird. Das bedeutet: Je mehr Einzelfälle sozialarbeiterische Hilfen beanspruchen und je länger diese Hilfen jeweils dauern, desto besser ist die autopoietische Ausdifferenzierung des Systems gewährleistet – bezogen auf einen einzelnen Träger: Desto eher kann er sich konsolidieren oder sogar expandieren. Es wird bereits an diesem Punkt deutlich, dass diese Struktur den beschriebenen methodischen Prinzipien diametral entgegensteht. Denn diese Prinzipien postulieren, dass erfolgreiche Hilfen effizient, also sparsam mit Zeit und Personal umgehen, mithin aus fachlichen Gründen der Effektivität eher anstreben, Zeit und Personal zu minimieren als zu maximieren.

Aus seiner – diesen Prinzipien zuwiderlaufenden – autopoietischen Struktur kann das Hilfesystem jedoch nicht aussteigen, will es seine Existenz nicht gefährden. Deshalb unterliegt Soziale Arbeit grundsätzlich den drei bereits genannten Verdachtsmomenten (vgl.

Abschnitt 5.3) – *erstens:* dem *Motivverdacht*, eher den Existenzinteressen des Hilfesystems zu nützen als den Interessen der Klientinnen und Klienten; *zweitens:* dem *Stigmatisierungsverdacht*, mit der Feststellung von Problemen und Defiziten eher der Aufrechterhaltung der Hilfsbedürftigkeit zu dienen als ihrer Beseitigung (denn diese würde die Ausdifferenzierung des Hilfesystems gefährden); und *drittens:* dem *Effizienzverdacht*, die Möglichkeiten der Selbsthilfe eher zu verdecken als zu fördern.

Eine sozialwissenschaftlich aufgeklärte Soziale Arbeit zeichnet sich dadurch aus, dass sie diese Verdachtsmomente nicht nur kennt, sondern auch ernst nimmt und alles daransetzt, Strukturen durchzusetzen, die zu einer Entkräftung dieser Verdächtigungen führen. Dabei sollte allerdings nüchtern gesehen werden, dass eine gänzliche Beseitigung der strukturellen Grundlagen dieser Verdachtsmomente nicht möglich ist. Denn es ist evident, dass Helferinnen und Helfer auf Hilfebedürftige angewiesen sind, dass sich hier ein komplementäres Verhältnis auftut, dass mithin die Existenz der einen Seite, der Helferinnen und Helfer, nur über die Existenz der anderen Seite, der Hilfebedürftigen, gesichert und legitimiert werden kann. Daher haben helfende Organisationen freilich das strukturelle Interesse, Hilfebedürftigkeiten aufzuspüren und Möglichkeiten anzubieten, sie zu bearbeiten. Wichtig dabei ist jedoch – und dies ist sowohl ein methodisches als auch ein strukturelles Erfordernis und freilich auch eine ethische Pflicht –, dass dabei nicht aus den Blick gerät, mit welcher Zielstellung geholfen wird: nämlich um Klientinnen und Klienten zu ermöglichen, dass sie sich (wieder) selber helfen können, dass sie nicht mehr angewiesen sind auf die Organisationen professioneller Hilfe. So ist es ein professionelles Erfordernis, dass Soziale Arbeit alles daransetzt, um dieses Ziel zu erreichen.

Die derzeit üblichen Finanzierungsstrukturen zwischen den öffentlichen und freien Trägern in der Kinder- und Jugendhilfe wirken in dem beschriebenen Sinne jedoch nicht sozialwissenschaftlich aufgeklärt; sie stützen vielmehr die erläuterten Verdachtsmomente. Denn die Finanzierung ist unmittelbar an Einzelfälle und Zeit gekoppelt. Nur über die permanente Akquisition von Einzelfällen können Träger ihre Existenz sichern. Und wenn diese Akquisition einmal stockt (was zurzeit nicht selten passiert), dann besteht das strukturelle Erfordernis, die laufenden Einzelfallhilfen zeitlich auszudehnen; denn nur so kann der weitere Geldfluss gesichert werden. Nicht methodisch-fachliche

Erfordernisse bedingen dann die Arbeit, sondern strukturell-finanzielle. Ganz gleich, welche fachlichen Intentionen die Professionellen in solchen Situationen haben, wollen sie die Existenz ihrer Organisation nicht gefährden, dann bleibt kurzfristig nichts anderes übrig, als so wie beschrieben zu handeln. Mittelfristig können sie freilich versuchen, weitere Einnahmequellen zu sichern, auf mehreren finanziellen Füßen zu stehen, um zeitweilige Engpässe in einigen Bereichen durch die Einnahmen in anderen Bereichen auszugleichen.

Allerdings hege ich Zweifel, ob eine solche marktwirtschaftliche Herangehensweise für den Bereich der Sozialen Arbeit sinnvoll ist, und vertrete vielmehr die These, dass Finanzierungsstrukturen eingeführt werden sollten, durch die die Existenzsicherung der sozialpädagogischen Einrichtungen entkoppelt wird von der Einzelfallarbeit und ihrer zeitlichen Quantität. Solche Strukturen könnten mithilfe von Sozialraumbudgets oder auch mit den klassischen Zuwendungen im Sinne von § 74 KJHG/SGB VIII gesichert werden. Die freien Träger dürften jedenfalls in keine Strukturen gepresst werden, die es betriebswirtschaftlich erforderlich machen, die Hilfen auszudehnen – im Gegenteil: Finanzstrukturen müssten die zeitsensible Ressourcenaktivierung und Selbsthilfeförderung attraktiv machen. Sozialraumbudgets scheinen eine Chance zu bieten, genau dies zu erreichen; dies legen zumindest die diskutierten Konzepte nahe und zeigen die ersten Erfahrungen in Stuttgart (vgl. Stiefel 2002) und Celle (vgl. Schäfer 2002). Daher kann auch aus systemischer Perspektive postuliert werden, dass eine sozialraumorientierte Methodik Strukturen benötigt, die sie stützen; ein wichtiger Grundstein für solche Strukturen würde mit der Einführung von Sozialraumbudgets gelegt werden.

6.3 Recht und Sozialraumorientierung – Ein Postulat

Grundsätzlich gehe ich davon aus, dass die sozialarbeiterische Fachlichkeit und diesbezügliche wissenschaftliche Erkenntnisse die gesetzlichen Regelungen determinieren sollten und nicht umgekehrt. Daher erscheinen mir die juristischen Argumentationen, die häufig die gänzliche oder partielle Unvereinbarkeit der Sozialraumbudgets mit den Regelungen des Kinder- und Jugendhilfegesetzes herausstellen (siehe etwa Baltz 2002; Krölls 2002; Wiesner 2002) und, davon ausgehend, das ganze Konzept ablehnen, als unangemessen.

Infrage gestellt wird von den Juristen in der Regel nicht die methodische Ausgestaltung einer sozialraumorientierten Arbeit. Denn grundsätzlich fordert das KJHG/SGB VIII ebenfalls den Einbezug des sozialen Umfeldes in die Soziale Arbeit und hat eine lebensweltorientierte und systemische Ausrichtung. Infrage steht vor allem die rechtliche Möglichkeit von Sozialraumbudgets, weil diese die Ansprüche der Leistungsberechtigten aushebeln würden. Derartige Ansprüche sind nämlich individuelle Ansprüche, die lediglich einzelfallbezogen gewährt und finanziert werden könnten und sollten. Genau dies wird jedoch mit den Sozialraumbudgets nicht mehr möglich; dort erfolgt eine weitgehend einzelfallunabhängige Finanzierung mit dem Zweck, die oben erläuterten problematischen Effekte der Autopoiesis Sozialer Arbeit zu minimieren. Es wird vermutet, dass es durch die Implementierung der Budgetstrukturen zu einer Deckelung von Geldern kommt, die verunmöglicht, dass tatsächlich noch den anspruchsberechtigten Hilfebedürftigen die notwendigen Leistungen zuteil werden. Weiterhin wird die Aushebelung des Wunsch- und Wahlrechts befürchtet, das den Leistungsberechtigen zusichert, dass sie selbst Einfluss nehmen können bei der Auswahl eines geeigneten Hilfeleistungsträgers. Durch Sozialraumbudgets, so wird schließlich kritisiert, werde der freie Wettbewerb zwischen unterschiedlichen Trägern, die Trägerpluralität, eingeschränkt.

Alle aufgeworfenen Vermutungen, Befürchtungen und Kritiken sind sicherlich berechtigt und sollten weiterhin intensiv diskutiert werden – klar muss jedoch sein, dass die sozialarbeiterische Fachlichkeit und noch viel stärker: die tatsächlichen Interessen der Menschen dabei im Mittelpunkt stehen. Die derzeitige Praxis der Kinder- und Jugendhilfe jedoch ist zweifellos verbesserbar; und aus systemischer Perspektive ergeben sich Hoffnungen, dass eine solche Verbesserung durch eine sozialraumorientierte Methodik und durch Sozialraumbudgets möglich wird.

7. Soziale Arbeit mit Familien – Eine systemtheoretische Neubestimmung

In diesem Kapitel wird die postmoderne Soziale Arbeit mit ihrer systemtheoretischen Unterfütterung auf die Zielgruppe der Familien bezogen. Die Familie gilt in der Sozialen Arbeit seit jeher als ein äußerst zentraler Bezug. Nicht erst seit der systemischen Wende in der psychosozialen Praxis, die sich spätestens seit den 1970er-Jahren abzeichnet, ist die Familie in der Sozialen Arbeit zentraler Fokus. Bereits die frühen Sozialarbeitstheoretikerinnen wie beispielsweise Alice Salomon haben gesehen, dass das Verhalten des Einzelnen nur im Zusammenhang mit seiner Familie gesehen und beeinflusst werden kann. Aber was heißt es heute, Soziale Arbeit mit Familien zu betreiben? In welcher gesellschaftlichen Umwelt leben Familien, und was bedeut dies für die Sozialarbeiterinnen und Sozialarbeiter, die ihre Praxis erfolgreich und nachhaltig zu gestalten versuchen? Genau diese Fragen sollen im Folgenden auch anhand eines Praxisbeispiels (Triangelprojekt) beantwortet werden.

Ausgangspunkte

Soziale Arbeit zeichnet sich seit ihren professionellen Anfängen in der Wendezeit vom 19. zum 20. Jahrhundert im Gegensatz zur individuumzentrierten klassischen Psychotherapie dadurch aus, dass sie überindividuelle Problembeschreibungs-, Problemerklärungs- und Problemlösungskonzepte favorisiert. Sozialarbeiterische Kommunikationen beziehen sich – und dies ist in der Theorie wie in der Praxis unumstritten – sowohl auf die persönliche Ebene der Klientinnen und Klienten als auch auf ihre soziale Umwelt. Dieses Person-Umwelt-Konzept ist ein Kernelement professioneller sozialarbeiterischer Interaktionen.

Bereits die Vertreterinnen der frühen Sozialarbeitstheorie, etwa Alice Salomon, fordern, dass die Soziale Arbeit »die wechselseitige Anpassung von Menschen und Lebensumständen« (Salomon 1998, S. 133) zu realisieren hat. »Sie hat entweder Individuen zu fördern oder zu beeinflussen, damit sie sich *in ihrer Umwelt* bewahren, oder sie hat die Lebensumstände, die Umwelt der Menschen so zu gestalten, dass sie dadurch geeigneter für die Verfolgung ihrer Lebenszwecke werden« (ebd.; Hervorh. im Orig.). Daher liegt es nahe, dass die Soziale Arbeit sich vor allem auch auf jene soziale Umwelt von Individuen bezieht, welche in der Regel den Menschen lebenslänglich tangiert, ja prägt: die Familie.

In diesem Sinne bewertet Salomon die »Familienarbeit« als zentrale Form sozialarbeiterischen Handelns. Mit Marie Baum spricht sie pathetisch gar von der »*heiligen Unteilbarkeit der Familie*« (ebd., S. 140; Hervorh. im Orig.) und fordert, »dass alle Wohlfahrtspflege die Familie als Einheit erfasst, selbst wenn nur ein Glied der Familie in irgendeiner Form Hilfe braucht« (ebd.). Und weiter: »Alle Bemühungen der Wohlfahrtspflege um einen Einzelnen beeinflussen stets seine ganze Familie, wie andererseits alle Glieder der Familie, selbst wenn sie mit der Wohlfahrtspflege nie in Berührung kommen, die Tätigkeit fördern oder hindern, die einem ihrer Glieder zugewendet wird« (ebd.).

Diese Zeilen belegen, dass die Soziale Arbeit schon sehr früh eine Perspektive hatte, die mit der Entwicklung der systemischen Familientherapie seit den 1950er-Jahren auch in der Psychologie, ja im weiten Feld der psychosozialen Praxis äußerst populär wurde: dass das Verhalten einer Person im Kontext ihrer familiären Beziehungen zu verstehen und im Hinblick auf von Veränderungsmöglichkeiten zu thematisieren ist.

Die familienorientierte Perspektive in der Sozialen Arbeit hatte das strukturelle Ergebnis der Entwicklung einer Familienfürsorge bzw. heute eines Allgemeinen Sozialpädagogischen Dienstes, in dem »gesundheitliche, wirtschaftliche, sozialpädagogische Aufgaben zusammengefasst werden« (Salomon 1998, S. 145). Erst ein solcher Dienst kann »die Bedürfnisse des Einzelnen als Einheit und den Einzelnen als Glied seiner Familie begreifen« (ebd.) und entsprechend handeln. Wenn wir die frühe Konstatierung der Bedeutung der Familie für die Soziale Arbeit betrachten, dann ist es kaum verwunderlich, dass Salomon selbst forschend hinsichtlich der Familie tätig war (siehe Salomon et al. 1930–1933). Heute können wir feststellen, dass sich die familienorientierte Perspektive in der Sozialen Arbeit weitgehend durchgesetzt hat, sie zeigt sich sowohl in den Strukturen und Angeboten als auch in den methodischen Orientierungen Sozialer Arbeit. So ist insbesondere die familiensystemische Sichtweise eine äußerst verbreitete und die Praxis bestimmende Perspektive geworden, die in Aus-, Fort- und Weiterbildung inzwischen dominierend ist (vgl. Kröner u. Böwer 2004).

Die beschriebene familienorientierte Tradition und Entwicklung in der Sozialen Arbeit voraussetzend, soll hier gefragt werden, wie eine Soziale Arbeit mit Familien so konzipiert und gestaltet werden könnte, dass sie eine konstruktive Stütze wird hinsichtlich eines gelingenden Aufwachsens von Kindern – nicht nur in Familien, aber ausgehend von ihnen und vorbereitet durch sie. »Gelingendes Aufwachsen« als schillernder und äußerst unbestimmter Begriff soll in seiner Vieldeutigkeit stehen bleiben. Denn eine Soziale Arbeit kann zwar materielle, biologische, psychische und soziale Rahmenbedingungen hinsichtlich der unterschiedlichen Ebenen der individuellen Bedürfnisbefriedigung benennen, anregen oder bereitstellen, ohne deren Existenz die Wahrscheinlichkeit eines gelingenden Lebens und Aufwachsens sinkt oder gänzlich schwindet, sie kann aber nicht stellvertretend für die Klientinnen und Klienten angeben, was je individuell, besser: was je familiär unter »gelingend« verstanden wird oder verstanden werden soll. Was die Soziale Arbeit zumindest leisten kann, jedenfalls leisten muss, ist, Familien solche Interaktionsangebote zu offerieren, dass diese – im sowohl begrenzenden als auch ermöglichenden Rahmen gesellschaftlicher Verhältnisse – sozialisatorische Bedingungen konstruieren können, die Schwierigkeiten, Belastungen und Probleme konstruktiv anzugehen erlauben und selbst bestimmte Lösungen ermöglichen.

Wie dies im Rahmen sozialarbeiterischer Interaktionsprozesse realisiert werden könnte, soll in diesem Beitrag zumindest in Umrissen deutlich werden. Dabei wird zunächst gefragt, wie die Familie in der modernen Gesellschaft theoretisch überhaupt gefasst werden kann, welches Bild wir uns heute von der Familie entwerfen können. Um einige knappe Antworten auf diese Frage zu skizzieren, soll das flexible, äußerst vielfältig einsetzbare Beobachtungswerkzeug der soziologischen Systemtheorie (siehe, bezogen auf Familien, insbesondere Luhmann 1990c, 1990d) genutzt werden. Schließlich wird ein Konzept knapp vorgestellt, die Triangelarbeit mit Familien (siehe insbesondere Biene o. J. 2003, 2004). Diese Vorstellung verfolgt zwei Ziele: *Erstens* soll damit beispielhaft eine Praxis vorgeführt werden, die zu den systemtheoretischen Reflexionen passt, diese gewissermaßen empirisch und methodisch fundiert; *zweitens* wird das Triangelkonzept erläutert, weil es aus meiner Sicht Anregungen geben kann hinsichtlich der Frage, wie zukünftige Ansätze einer innovativen Sozialen Arbeit mit Familien aussehen könnten.

7.1 Familie als soziales System

Die Systemtheorie erlaubt es, die Familie aus drei zentralen theoretischen Blickrichtungen zu betrachten: in phänomenaler, kausaler, aktionaler Hinsicht (vgl. dazu bereits Kleve 2005; zu diesen Blickrichtungen siehe grundsätzlich Eberhard 1999). Wir können *erstens*, ausgehend von der Systemtheorie, Begriffe in Anschlag bringen, die uns das Phänomen Familie zu beschreiben erlauben – freilich mit dem Wissen, dass diese Begriffe auf Unterscheidungen aufruhen, die bestimmte Sichtweisen nahe legen und andere ausschließen, die also selbst nicht mit der »Realität« zu verwechseln sind, sondern eine bestimmte Konstruktion von Realität liefern. *Zweitens* ist es möglich zu fragen, was mit den Begriffen erklärbar ist, welche Kausalvorstellungen sie also anbieten und wie mit ihnen familiäre Prozesse verstanden werden können – selbstredend wieder mit der Voraussetzung, dass es sich um konstruierte Kausalitäten handelt, die mehr über den sagen, der sie anfertigt, als über das, was sie erklären. Auch wenn es sich bei diesen phänomenalen Beschreibungen und kausalen Erklärungen um Beobachterkonstruktionen handelt, zeitigen Prozesse des Beschreibens und Erklärens Wirkungen, bringen also das Handeln und seine Folgen in den Blick. So lässt sich an diesem Punkt *drittens* fragen, welche Handlungsofferten systemtheoretische Beschreibungen und Erklärungen eher nahe legen und welche sie eher ausschließen. Um diese *aktionale Frage* zu beantworten, müssen zunächst die Begriffe benannt *(phänomenale Ebene)* und hinsichtlich ihrer Erklärungskraft *(kausale Ebene)* untersucht werden.

Soziale Arbeit mit Familien soll, ausgehend von den Begriffen *Autopoiesis, Funktionssystem* und *systemische Wechselverhältnisse*, beschrieben, erklärt und hinsichtlich von Handlungsoptionen untersucht werden.

7.1.1 Autopoiesis

Dieser systemtheoretische Zentralbegriff *beschreibt* die Ausdifferenzierung, Selbsterhaltung und Dynamik von biologischen, psychischen und sozialen Systemen. Biologische, psychische und soziale Systeme entstehen in Differenz zueinander, aber auf der Basis der Realität der jeweils anderen Systeme. Die biologischen, psychischen und sozialen Systeme sind hinsichtlich ihrer Operationen (im Falle biologischer Systeme: körperlich-organische Prozesse des Lebens; im Falle psychischer Systeme: mentale, kognitive Zustände, etwa Gedanken; im Falle sozialer Systeme: Kommunikationen) von ihrer Umwelt abgegrenzt. Keine körperliche Zelle kann an die psychischen Gedanken oder an die sozialen Kommunikationen anschließen, genauso wenig kann eine Kommunikation Teil der körperlichen Prozesse werden oder unmittelbar die individuelle Grenze psychischer Systeme passieren.

Allerdings sind körperliche, psychische und soziale Operationen jeweils auf eine »Einbettung« in eine Umwelt anderer Systeme angewiesen, die Voraussetzung für zweierlei ist: *erstens* für die notwendige Komplexität, damit sich Systeme auf unterschiedlichen Ebenen überhaupt ausdifferenzieren (damit sie emergieren) können, und *zweitens* für die permanente Produktion eines Irritationspotenzials, das Systeme zu selbst bestimmter Strukturbildung und -entwicklung anregt. Mit anderen Worten: Ohne Sozialität ist keine psychische Individualität möglich. Das (persönliche) Ich entsteht erst in der Differenz zum (sozialen) Du. Und ohne Individualität ist keine Sozialität möglich, denn diese entsteht erst durch Kommunikation als Folge des Aufeinandertreffens intransparenter Menschen (als Einheiten psychischer und biologischer Systeme), die im Kontext des gegenseitigen Sichwahrnehmens bekanntlich nicht *nicht* kommunizieren können (vgl. Ruesch u. Bateson 1951; Watzlawick et al. 1969).

Dass ein ähnliches Verhältnis der gegenseitigen Existenzvoraussetzung ebenfalls hinsichtlich des biologischen Systems konstatiert werden kann, beweisen Experimente wie jenes von Friedrich dem Zweiten (1194–1250), der – wie Paul Watzlawick (1992, S. 19 f.) berichtet – herausfinden wollte, welche Sprache Neugeborene entwickeln, wenn sie zwar mit allem physisch Notwendigen versorgt werden, aber sozial exkludiert bleiben. Die versorgenden Ammen hatten die Anweisung, in Gegenwart der Kinder bzw. zu den Kindern nicht zu sprechen. Nach nicht langer Zeit starben die Kinder. René Spitz erklärt dieses Phänomen Jahrhunderte später, als er feststellt, dass die hohe Kindersterblichkeit in mexikanischen Findelheimen nicht mit einer physischen Unterversorgung, sondern mit zuwenig sozialem Kontakt zu Erwachsenen einherging (vgl. ebd.).

Autopoietische Systeme setzen also bestimmte Umweltbedingungen voraus; im Rahmen dieser Bedingungen jedoch entwickeln sie sich selbst bestimmt und verarbeiten Umwelteinflüsse nach eigenen Maßgaben und Möglichkeiten (vgl. etwa Bardmann et al. 1991). So ist die Familie als soziales Kommunikationssystem beschreibbar, das sich ausdifferenziert und abgrenzt auf der Basis der psychischen und biologischen Operationen seiner Mitglieder. Die psychischen und biologischen Prozesse sind nicht Teil des sozialen Systems Familie; sie sind notwendige Umweltbedingung für die familiäre Systembildung und dadurch mit der Familie strukturell gekoppelt. Die familiäre Systembildung realisiert sich durch Kommunikationen und bildet ihre eigenen Strukturen aus, führt zu Mustern und Regeln des Verhaltens sowie zu Erwartungen, insbesondere zu Erwartungen hinsichtlich der Erwartungen der anderen, und zu Rollendifferenzierungen.

Was *erklärt* der Begriff bzw. das Konzept der Autopoiesis nun?

Wenn wir die Familie als ein autopoietisches System definieren, können wir erklären, warum Veränderungsbemühungen auf äußerst unsicheren Beinen stehen – zumindest wenn mit ihnen die Intention einhergeht, die Familie nach vorgegebenen Konzepten beeinflussen zu wollen. Wie die familiäre Kommunikation auf Veränderungen ihrer psychischen und körperlichen Umwelt reagiert, obliegt ihren eigenen strukturellen Möglichkeiten. Zwar stimmt nach wie vor der klassische systemische Satz, dass Veränderungen eines Familienmitglieds auf die Familie als Ganzes und auf die anderen Mitglieder Einfluss haben, diesbezüglich Veränderungen hervorrufen, aber welche Veränderungen dann in den Blick geraten, ist aus zweifacher Hinsicht potenziell unvorhersehbar: weil *erstens* psychische und körperliche Veränderungen in der Umwelt der familiären Kommunikation diese Kommunikation bestenfalls anregen, aber nicht determinieren können; und weil *zweitens* das, was dann an kommunikativen Veränderungen geschieht, unterschiedlichste Beobachtungsmöglichkeiten offeriert, in vielfältigster Weise unterschieden und bezeichnet, kurz: beobachtet (konstruiert) werden kann.

An diesem Punkt soll jedoch auch betont werden, dass Familien im Sinne Heinz von Foersters (1988) zwar als »nichttriviale Systeme« aufgefasst werden können, die Unvorhersehbarkeiten und Überraschungen produzieren, dass sie sich jedoch auch zu »trivialen Systemen« transformieren können. Dies ist dann beobachtbar, wenn Strukturen und Muster konstatiert werden, die immer wieder erneut leidvolle Verhaltensweisen, starre oder destruktive Erwartungs- und Rollenmuster perpetuieren.

Wie können hier sozialarbeiterische *Handlungsofferten* eröffnet werden?

Will die Soziale Arbeit konstruktiv mit Familien interagieren, so sind aus systemtheoretischer Sicht zunächst einmal die beschriebene Autopoiesis und die damit einhergehenden Dynamiken anzuerkennen. Davon ausgehend, kann der Fokus dann auf die familiäre Interaktionsdynamik gerichtet werden, und es könnte gefragt werden, welche Kommunikationsstrukturen, Erwartungen und Muster zu den aktuellen Prozessen führen, die möglicherweise verändert werden sollen. Es ist sozusagen die Eigenlogik der familiären Kommunikationsstrukturen zu betrachten, und es ist zu untersuchen, welche Bedingungen, vielleicht auch Notwendigkeiten sie aufrechterhalten. Allein schon die kommunikative Konfrontation mit sozialarbeiterischen Beobachtungen hinsichtlich der familiären Strukturen und Muster kann an diesem Punkt für die Familie und ihre Mitglieder irritierend wirken, kann Veränderungen zeitigen, die zwar hinsichtlich ihrer konkreten Ausprägung nicht vorhersehbar sind, aber konstruktiv (verstörend, irritierend) sein können. Inzwischen gibt es eine Fülle von systemischen Verfahren, die es ermöglichen, die kommunikative Eigenlogik von familiären Strukturen – gemeinsam mit den Familienmitgliedern – zu untersuchen, angefangen beim zirkulären Fragen (siehe aktuell etwa Pfeffer 2004) bis hin zur Arbeit mit Videoaufzeichnungen und zu ihrer kleinschrittigen Auswertung (siehe unten die Arbeit im Rahmen des Triangelkonzeptes, Abschnitt 7.2).

7.1.2 Funktionssystem

Ausgehend von der soziologischen Systemtheorie, kann die Familie als Funktionssystem der Gesellschaft *beschrieben* werden, das eine Funktion erfüllt, die in keinem anderen Teilsystem erfüllt werden kann, und zwar die *Funktion der Komplettinklusion von Personen in die Kommunikation* (vgl. auch Fuchs 1999b). In allen anderen gesellschaftlichen Funktionssystemen (Wirtschaft, Politik, Recht, Wissenschaft etc.) werden Personen nur ausschnitthaft inkludiert, niemals als ganze Individuen, sondern eher als Dividuen. Funktionssysteme greifen auf Personen lediglich nach Maßgabe ihrer eigenen Relevanzen zu, alles andere, was das Personsein noch ausmacht, bleibt ausgeschlossen. Die Familie ist aufgrund ihrer Funktion ein eher untypisches Sozialsystem für die moderne Gesellschaft. Sie schließt nur aus, dass etwas aus der Kommunikation ausgeschlossen werden kann. Personen sind mit allen ihren sozialen Bezügen, mit allen ihren Mitgliedschaften in den unterschiedlichsten Systemen der Gesellschaft in der Familie relevant.

Daher könnten wir auch sagen, dass Familien in der modernen Gesellschaft die Systeme sind, die im klassischen soziologischen Sinne noch etwas leisten, was als *Integration* bezeichnet werden kann (vgl. Kleve 2004a). In den Familien wird alles kommunizierbar, was Menschen als Einheiten biologischer und psychischer Systeme, die an sozialen Systemen teilhaben, tangiert. Das geht freilich mit besonderen Chancen, aber auch mit Belastungen für die familiäre Kommunikation einher.

An diesem Punkt sind wir jedoch bereits bei den *Erklärungen*, die sich aus der besonderen Funktion der Familie ableiten.

Die Funktion der Komplettinklusion von Personen in Familien erklärt die besonders starke Bindungskraft, die Personen hinsichtlich ihrer Familie erfahren. In keinem anderen System der modernen Gesellschaft entstehen solche starken und lebenslänglichen Bindungen wie in der Familie. Hier liegt der Grund für die sozialisatorische Kraft, die Familien hinsichtlich ihrer Kinder entwickeln. Auch der besonders hohe Grad der strukturellen Koppelung der psychischen und biologischen Systeme an die dazugehörigen sozialen Familiensysteme mit allen Folgen, die diese Koevolution mit sich bringt, ist hieraus erklärbar. Diese Folgen sind seit Jahrzehnten bereits Thema familiensystemischer Forschungen und haben zu unterschiedlichen Konzepten geführt, etwa zum Modell der »unsichtbaren Bindungen« von Ivan Boszormenyi-Nagy und Geraldine Spark (1973). Demnach sind wir über Generationengrenzen hinweg verwoben mit unseren Familien. Familienmitglieder, etwa Mutter, Vater und Kind, »sind zwei aufeinander folgende Glieder einer genetischen Kette, die Millionen Jahre zurückreicht« (ebd., S. 22; vgl. aufschlussreich dazu auch Schützenberger 1993). Das Dasein des Kindes ist ohne Dasein der Eltern nicht denkbar. Selbst wenn sich das Kind, der Jugendliche oder der inzwischen Erwachsene gegen seine Eltern auflehnt, bekräftigen seine Abgrenzungs- und Loslösungstendenzen die gefühlsmäßige Verbindung zu den Eltern. Aus dieser Verbindung gibt es kein Entrinnen, so Boszormenyi-Nagy und Spark (1973). »Selbst in Fällen denkbar frühzeitiger Adoption beschäftigt die existenzielle Bedeutung der natürlichen Eltern die adoptierten Kinder seelisch ihr Leben lang« (ebd., S. 33).

Diese starken Loyalitätsbande zu dem System, das Menschen mehr als alle anderen Systeme der Gesellschaft (ganzheitlich) zu binden vermag, werden auch durch neuere familien- bzw. struktursystemische Beobachtungen bestätigt, die in kritischer Distanz zu der Aufstellungsarbeit Bert Hellingers entstanden sind. So bestätigen die beiden systemischen Therapeuten und Theoretiker Insa Sparrer (2004) und Matthias Varga von Kibéd (Varga von Kibéd u. Sparrer 2005) mit ihrer Therapie-, Beratungs- und Forschungsmethode der systemischen Strukturaufstellungen, dass soziale Systeme und insbesondere Familien von bestimmten Regeln (der Zugehörigkeit, der Reihenfolge, des Energieflusses und der Leistung bzw. Fähigkeit; vgl. Sparrer 2004, S. 114 ff.; näher dazu auch Kapitel 9) strukturiert werden, deren Nichtbeachtung zu unterschiedlichsten Problemen führen kann.

Diese Regeln leiten bereits zu den *Handlungsoptionen* über.

Wenn die Familie ein solch besonderes Sozialsystem in der modernen Gesellschaft ist, das Personen in einer Art und Weise bindet, wie dies nirgendwo sonst in der Gesellschaft möglich ist, gilt es für die Soziale Arbeit zunächst einmal, genau dies zu akzeptieren. Sozialarbeiterische Angebote sollten es also vermeiden, mit der Familie als System zu konkurrieren. Denn zu dem, was Familien leisten können, ist Soziale Arbeit systemisch-strukturell nicht in der Lage: Personen ganzheitlich zu inkludieren, sie zu integrieren. Soziale Arbeit kann demnach auch nicht Kinder ersatzweise für deren Eltern erziehen, sie hat keine Kompensationsfähigkeiten hinsichtlich familiärer bzw. elterlicher Sozialisationsaufgaben. Was Soziale Arbeit leisten kann, ist, im Rahmen ihrer Angebote soziale Umweltbedingungen für Familien zu kreieren, die die besondere Funktion der Familien für ihre Mitglieder, insbesondere für ihre Kinder, konstruktiv stützen und in einer Umwelt prekärer gesellschaftlicher Verhältnisse stabilisieren.

7.1.3 Systemische Wechselverhältnisse

Die Familie lässt sich zwar als ein autopoietisches, aber freilich nicht als ein autarkes System *beschreiben*, sie ist auf ihre soziale Umwelt, auf andere gesellschaftliche Funktionssysteme angewiesen, an denen ihre Mitglieder teilhaben, in die sie inkludiert sind. Allerdings kann diese Teilhabe die Familie vor gewaltige Zerreißproben stellen, da es ein Merkmal der modernen Gesellschaft bzw. ihrer Funktionssysteme ist – wie vor einigen Jahren sehr eingängig Richard Sennet (1998) gezeigt hat –, dass Flexibilität und Mobilität von ihren Mitgliedern verlangt wird. Bereits zu Beginn des 20. Jahrhunderts war dies hinsichtlich der Folgen für die Familie beobachtbar, was Alice Salomon (1998, S. 137) zu folgenden Zeilen inspirierte:

> »Die Menschen sind von der Scholle losgelöst. Sie müssen der Arbeit dorthin nachwandern, wo sie Gelegenheit zum Unterhalt finden. Die Familie ist aufgerissen. Wie Flugsand, wie Blätter, die vom Winde verweht werden, treibt die Arbeit sie von Ort zu Ort.«

Im Gegensatz zu dieser potenziellen gesellschaftlichen Erwartung bezüglich Ungebundenheit, der freien Individualität geht die Familie mit der Notwendigkeit der gebundenen Sozialität einher; ihre besondere Einbindungsfähigkeit generiert und setzt eher Phänomene wie Stabilität, Präsenz und räumliche Gebundenheit voraus. Aus diesen gegensätzlichen Erwartungsstrukturen, zwischen denen Personen zerrieben werden können, resultieren viele der heutigen familiären Problemlagen.

Aber an diesem Punkt verlassen wir die Beschreibungs- und gehen über zur *Erklärungs*ebene.

Die Brüchigkeit moderner Familien hat, so lässt sich aus dem Referierten schlussfolgern, etwas zu tun mit der gesellschaftlichen Umwelt, die die Sozialstruktur Familie eher gefährdet als stützt. Auch Soziale Arbeit kann in diesem Zusammenhang betrachtet werden. Denn diese kann dazu führen, dass ihre Inklusionsangebote die ohnehin schon prekäre familiäre Situation in der modernen Gesellschaft schwächen. Immer dann, wenn die Soziale Arbeit Hilfen anbietet, die an der Autopoiesis und der besonderen Funktion der Familien vorbeiarrangiert werden, sind problematische Wechselwirkungen beobachtbar. Dann brechen Familien Hilfen ab, zeigen keine Bereitschaft und Motivation, Soziale Arbeit für ihre Kinder zu unterstützen oder erscheinen demotiviert und inaktiv.

Hier wird also eine Erklärung problematischer Wechselwirkungen zwischen der Sozialen Arbeit und Familien gegeben, die eine Selbst- und keine Fremd- oder Kontextattribution in den Blick bringt. Nicht die Familien werden verantwortlich gemacht für Schwierigkeiten, die in der Hilfe mit ihnen auftauchen, auch der gesellschaftliche Kontext bleibt hinsichtlich dieses Erklärungsversuchs ausgespart. Denn beides sind Bereiche, die von Sozialarbeiterinnen und Sozialarbeitern hinsichtlich konkreter Familien kaum beeinflusst werden können. Was Sozialarbeiterinnen und Sozialarbeiter jedoch verändern können, sind ihre eigenen Haltungen, ihre Interaktions-, Rollen-, kurz: Inklusionsangebote.

Hier scheint bereits die *aktionale* Ebene hervor.

Ich gehe mit Michael Biene (o. J., 2003, 2004) davon aus, dass problematische Hilfeverläufe häufig etwas zu tun haben mit den Rollenangeboten, den Inklusionen der helfenden Einrichtungen bezüglich der Familien.

In dem Berliner Triangelprojekt kamen Biene und seine Mitarbeiter zu der »erschreckenden Hypothese, dass das Basisverhalten vieler professioneller Helfer, egal ob ErzieherInnen, SozialpädagogInnen oder PsychologInnen, tendenziell auf eine Deaktivierung der Eltern und einer Übernahme der Arbeit mit dem Kind durch die Fachleute hin optimiert war – natürlich ohne dies zu bemerken oder zu wollen« (ebd., S. 9).

An einer anderen Stelle habe ich eine solche Hilfeform »selbstkonstruktiv« (Kleve 2003, S. 131 ff.) genannt – in dem Sinne, dass Helfer, genauer: die kommunikativen Strukturen von Hilfesystemen dafür sorgen, dass eher Hilfen und Hilfebedürftigkeiten perpetuiert werden, als dass Lösungen und Lösungsmöglichkeiten entstehen. Im Gegensatz dazu müsste es in der Praxis jedoch darum gehen, »selbstdekonstruktive« Hilfeverläufe (vgl. ebd.) zu konstruieren, die die Menschen befähigen, ihre eigenen Belange anzugehen und entsprechende Lösungen – unterstützt durch die professionellen Helferinnen und Helfer – zu entwickeln, sodass Hilfen beendet werden können. Dies erfordert allerdings die Selbstveränderung des Hilfesystems. So kommt eine zentrale Erkenntnis im Feld einer erfolgreichen, aktivierenden und die Klienten sehr zufrieden stellenden Sozialen Arbeit mit Familien im folgenden Satz Bienes (2003, S. 8) zum Ausdruck:

> »Und oft hatten wir den Eindruck, dass gerade die Bereitschaft, uns infrage zu stellen, uns zu verändern, den gewichtigsten Veränderungsanstoß für die Eltern darstellte.«

Wie nun eine solche professionelle Veränderung aussehen kann, soll abschließend anhand des Triangelkonzeptes skizziert werden.

7.2 Familiensozialarbeit – Ein innovatives Konzept

Was lässt sich aus dem bisher theoretisch Referierten ableiten? Diese Frage soll schließlich im Mittelpunkt stehen und ein Konzept ins Zentrum rücken, das aus meiner Sicht für eine innovative Zukunft der Familiensozialarbeit steht. Ausgehend von den dreidimensional (phänomenal bzw. beschreibend, kausal bzw. erklärend, aktional bzw. handlungsorientiert) erläuterten Begriffen (Autopoiesis, Funktion und systemische Wechselverhältnisse) zur Beschreibung des sozialen Systems Familie und der diesbezüglichen Sozialen Arbeit, erscheint mir ein Ansatz richtungweisend, der – ursprünglich aus den Niederlanden kommend – zunächst in Berlin entwickelt wurde und inzwischen in anderen deutschen und auch Schweizer Städten seine Nachahmung findet: das *Triangelkonzept* (vgl. Biene 2003; Gerhards 2003; Kleve 2003, S. 131 ff.). Dieses Konzept soll im Folgenden auf die drei Theoriestücke Autopoiesis, Funktionssystem und systemische Wechselverhältnisse bezogen werden mit dem Ziel, ein wenig zu skizzieren und zu verdeutlichen, wie es Familiensystemen und zugleich systemtheoretischen Handlungsofferten gerecht wird. Meine These ist, *dass die veränderten Handlungsstrategien von Triangel richtungweisend sein könnten für eine innovative Soziale Arbeit mit Familien.*

7.2.1 Autopoiesis

Bei Familien handelt es sich um autopoietische Sozialsysteme, die auf der Grundlage eigener kommunikativer Logiken, Strukturen und Muster operieren. Das führt dazu, dass das Verhalten von Familienmitgliedern außen stehenden Professionellen oft nicht sinnvoll erscheint, ja unverständlich bleibt. Es ist dennoch ein angemessenes Verhalten, das zu dem autopoietischen System passt, aus dem es kommt. Diese systemische Autonomie wird in der Triangelarbeit grundsätzlich akzeptiert und gewertschätzt. Dazu ein Beispiel: Als Michael Biene Mitte der 1990er-Jahre begann, das Triangelkonzept in die Tat umzusetzen, erlebte er zunächst, dass alle wohlmeinenden Versuche, die Eltern zu einer Mitarbeit bei der Gestaltung stationärer Hilfen für Kinder und Jugendliche zu motivieren, scheiterten. Er schildert die Begebenheit mit einem Vater, der nach einem Erstgespräch nicht wiederkam. Das Team machte dessen Alkoholproblematik dafür verantwortlich; diese Sichtweise verfestigte allerdings nur die Erfahrung, dass auch dieser Klient, wie viele andere, nicht motiviert sei und fokussierte alle Handlungen und Aufmerksamkeiten auf diesen Aspekt. Das Triangelprojekt, das die Aktivität und Motivation der Eltern voraussetzte, drohte zu scheitern. Aber dann kam die entscheidende Wende; dazu Biene (2003, S. 7 f.):

> »Wir spielten z. B. im Team das Erstgespräch nach, das ich mit dem Vater geführt hatte, der ›wegen seiner Alkoholproblematik nicht wiederkam‹.

> Und dann passierte etwas Unvermutetes. Der Kollege, der den Vater spielte, sagte mir schon nach wenigen Minuten: ›Wenn ich dieser Vater wäre, würde ich auch nicht wieder zu einem Gespräch mit dir kommen.‹ Das war verblüffend und auch etwas beschämend, aber es führte zu der Frage, was ich denn ›falsch‹ machte und welches Verhalten der Vater von mir bräuchte, um Interesse an einer Zusammenarbeit entwickeln zu können. Wir probierten eine ganze Zeit im Rollenspiel, Alternativen zu finden. Alle fachlich fundierten Gesprächsführungsformen verschlimmerten jedoch die Abneigung des Vaters gegen mich nur. Schließlich blieb nur eine etwas unkonventionelle Möglichkeit. Ich rief den Vater an und entschuldigte mich dafür, dass ich ihn im ersten Gespräch versucht hatte zu bevormunden, und sagte, dass ich es verstehen könne, wenn er unten diesen Umständen kein Interesse mehr hatte, mit mir zu sprechen ... und er wollte plötzlich ein zweites Gespräch ...«

Was ist hier passiert? Die Autonomie der Verhaltensweisen des Vaters wurde (wieder) ernst genommen, er wurde hinsichtlich seines Verhaltens nicht (mehr) gelabelt und pathologisiert. Vielmehr wurde jetzt – und dies verweist freilich auch auf eine professionelle Gesprächsführung, und zwar im Sinne Carl Rogers (1942, 1977) – wertschätzend, empathisch und kongruent mit ihm umgegangen. Der Helfer hat seine vermeintlich überlegene Position, sein professionelles Besserwissen verlassen und eine für den Vater glaubwürdige Interaktion angeboten, die eine Haltung vorbereitet, die den Vater zum Experten in seiner und in der Sache seiner Kinder macht.

7.2.2 Funktionssystem

Klassische Soziale Arbeit mit Familien hat oft den Anspruch (z. B. in Form von Einzelfall- oder Familienhilfe sowie von Heimerziehung), erzieherische Funktionen für Familien hinsichtlich der Kinder kompensatorisch zu übernehmen oder zu wissen, wie die »richtige« Erziehung für Kinder auszusehen habe. So wird dann in der Regel direkt mit den Kindern interagiert in der Hoffnung, dass dadurch die »auffälligen« kindlichen Verhaltensweisen veränderbar seien. Eine Soziale Arbeit, die solche erzieherischen Interaktionen mit Kindern versucht, vergisst, dass sie äußerst wenig Einfluss auf Kinder hat, dass der entscheidende Einfluss in dem System gegeben ist, in dem Personen als ganze inkludiert bzw. integriert sind, in der Familie. Und so leben Sozialarbeiterinnen und Sozialarbeiter, die in der beschriebenen Weise mit Familien bzw. mit den Kindern von Familien arbeiten, damit, dass sie eigentlich relativ wenig erreichen. Wenn sie im Heimkontext tätig sind, werden sie oft merken, dass nach den Besuchen der Eltern oder nach Wochenend- und Urlaubskontakten die Kinder wieder mit den »alten Symptomen« zurückkommen. Der Ruf, den Elternkontakt gänzlich zu unterbinden, wird in diesem Zusammenhang sicher auch schon vernommen worden sein.

Im Triangelkonzept wird anders angesetzt; hier wird die systemisch-strukturelle Inkompetenz der Helfer, Kinder zu erziehen, zum Ausgangspunkt genommen, und die Eltern werden dabei unterstützt, alternative Umgangsformen in der Erziehung, im Kontakt mit ihren Kindern zu entwickeln.

Der zentrale Triangelansatz ist, dass die »Hilfe für das Kind [...] weniger durch die direkte Arbeit mit dem Kind, sondern in erster Linie dadurch (erfolgt), die Eltern in ihren erzieherischen Möglichkeiten zu unterstützen« (Biene 2003, S. 5). Im Triangelkonzept sollen »Eltern [...] genau in den Bereichen aktiv werden, in denen bisher professionelle Helfer zuständig waren« (ebd.). Durch dieses alternative Hilfe-Setting wird die oben beschriebene Funktion der Familie in der modernen Gesellschaft ernst genommen; die Aufgabe, die erfolgreich nur innerhalb der Familie erfüllbar ist, Kinder zu erziehen und zu »beeinflussen«, bleibt in der Verantwortung der Familien. In dieser Arbeitsform hat sich also die »Rolle der MitarbeiterInnen so stark verändert« (ebd., S. 9), dass dies inzwischen auch begrifflich umgesetzt wurde: Statt der Berufsbezeichnungen Erzieher bzw. Erzieherin, Sozialpädagoge bzw. -pädagogin, Therapeut bzw. Therapeutin, verwendet man den Begriff »Coach«, um die neue Rolle zu beschreiben (vgl. ebd.).

7.2.3 Systemische Wechselverhältnisse

Entscheidend für die Triangelarbeit ist die veränderte systemische Wechselbeziehung zwischen dem professionellen Hilfesystem und der Familie. Während in der Kinder- und Jugendhilfe häufig so genannte Abgabe- und Kampfmuster (Biene o. J.; siehe ausführlich dazu Kapitel 8) dominieren, geht die Arbeit hier mit der Etablierung eines Kooperationsmusters einher. Im Abgabemuster übernehmen die Professionellen die Verantwortung für die Problemlösung und die Eltern ziehen sich allmählich aus dem Hilfeprozess heraus. Im Kampfmuster sehen in der Regel unterschiedliche Institutionen oder Personen Probleme, aber die Familie nicht, sodass um die »richtige« Deutung der aktuellen Situation gekämpft wird. Dass demgegenüber ein Kooperationsmuster entsteht, erfordert, dass Sozialarbeiterinnen und Sozialarbeiter intensiv an ihren eigenen Haltungen arbeiten. Das

Erfordernis der eigenen Haltungsarbeit wird deutlich, wenn wir die sechs Standards betrachten, die Michael Biene (2004, S. 15) als Voraussetzung bewertet für eine konstruktive Familienarbeit insbesondere bei so genannten unmotivierten Klienten/Familien:

1. *Verständnisorientierte Grundhaltung, statt »den Klienten motivieren/gewinnen« zu wollen.* Hier geht es darum, die aktuelle Situation des Klienten bzw. der Familie nachzuvollziehen und anzuerkennen, dass unter den gegebenen Umständen (unterschiedlichste Institutionen und/oder Personen üben Druck aus, stehen mit der Familie im Kampfmuster) eine Problemwahrnehmung und eine Veränderungsbereitschaft der Familie zunächst nicht gegeben sein kann.
2. *Allparteilichkeit wahren.* An diesem Punkt wird postuliert, sich mit der Familie nicht gegen andere (Schule, Ämter etc.) zu verbünden, sondern das Erleben der Familien nachzuvollziehen; das drückt sich z. B. in diesem idealtypischen Statement der Helfer aus: »Wenn ich es so erleben würde, dass mein Kind sich einwandfrei verhält und ihm trotzdem oft die Schuld für Probleme in der Klasse gegeben wird, würde ich auch nicht wissen, warum mein Kind ins Heim soll« (ebd.).
3. *Hilfsregeln für die Gesprächsführung.* Diesbezüglich ist zum einen die permanente Vergewisserung der Sozialarbeiterinnen und Sozialarbeiter gemeint, ob die Familie überhaupt ein Gespräch wünscht. Zum anderen geht es darum, dass Helfer sich jede Nein-Reaktion der Klienten merken und für diese Reaktion die alleinige Verantwortung übernehmen. Daher versuchen sie, eigene »Fehler« zu entdecken, die den »Widerstand« der Klienten bewirkt haben könnten.
4. *Aufnehmen der Äußerung des Klienten, kein eigenes Anliegen zu haben.* Hier geht es darum, dass nicht über die Sätze der Familie hinweggegangen wird, die zum Ausdruck bringen, dass die Motivation von außen kommt (z. B. »Ich soll mich hier melden!«), sondern dass diese Sätze erkennbar ernst genommen werden; das kommt im folgenden Statement der Helfer zum Ausdruck: »Heißt das, dass Sie aus Ihrer Sicht es nicht für sinnvoll halten, sich hier zu melden? Sollten wir das Gespräch dann lieber beenden?« (ebd.).
5. *Die eigene Rolle, das eigene Angebot kurz und präzise erkennbar machen – dabei den Bezug zu den von den Klienten genannten*

Problemen herstellen. Dies ist ein entscheidender Prozessschritt, durch den sowohl das Kampfmuster als auch das Abgabemuster in ein Kooperationsmuster verwandelt werden können. Es geht darum, den Willen des Klienten bzw. der Familie anzusprechen, und zwar dort, wo Energie vorhanden ist, etwas zu verändern; das idealtypische Statement der Helfer könnte lauten: »Wir sind für Eltern da, die große Probleme haben und dringend Hilfe wollen, und wenn ich es richtig verstanden habe, halten Sie es nicht für notwendig, dass ihr Kind Hilfe bekommen sollte, ist das richtig? Wir sind auch für Eltern da, die Probleme mit der Schule, den Nachbarn, dem Jugendamt etc. haben. Auch hier können wir oft helfen, allerdings nur auf eine Art: Wenn die Eltern ihrem Kind beibringen oder für sich selbst erreichen wollen, sich so zu verändern, dass weder Schule noch Zuweiser einen Grund finden, weiter Kritik zu üben oder Druck zu machen. Dann können wir die Eltern dabei unterstützen – natürlich nur, wenn sie es ausdrücklich wollen« (ebd.).
6. *Häufige Wiederholung.* Familien erscheinen zunächst gegenüber diesem Angebot skeptisch, sie sind die anderen Muster gewöhnt, sodass es »in der Regel notwendig (ist), das Angebot, verbunden mit der Frage, ob die Eltern dies interessieren könnte, sehr häufig zu wiederholen, bis allmählich ›innere Bilder‹ von dem, wie der Weg aussehen könnte, entstehen« (ebd.).

Für die Etablierung eines Kooperationsmusters ist also eine sehr intensive Eingangsphase notwendig, in der allmählich Abgabe- und Kampfmuster verlassen werden können. Sobald ein Kooperationsmuster erreicht wurde, wenn die Eltern sich einlassen und aktiv mitarbeiten wollen, beginnen die nächsten Schritte, die vor allem darin bestehen, dass die Eltern gemeinsam mit den Professionellen ihre Ziele bestimmen. Diese Ziele bilden die Grundlage für den gesamten Hilfeprozess, sie sind der Motor für die Eltern, sich konstruktiv, selbst bestimmt und mit positiven Erwartungen zu verändern. Da sich diese Ziele sehr genau auf konkrete Interaktionsdynamiken in der Familie beziehen, werden sodann diese Dynamiken betrachtet, durch Rollenspiele und vor allem durch Videoaufzeichnungen bis ins Kleinste gemeinsam analysiert, um, davon ausgehend, neue Verhaltensweisen zu entwickeln, die sogleich im Rollenspiel, aber auch im unmittelbaren Kontakt zwischen den Familienmitgliedern (zumeist zwischen Eltern und Kinder) auf ihre Wirksamkeit hin erprobt werden.

8. Jenseits von Abgabe- und Kampfmuster – Kooperation als systemische Alternative in der Elternarbeit

In diesem Kapitel soll die systemische Perspektive einer postmodernen Sozialarbeit, die trotz vielfältiger praktischer Ambivalenzen den Erfolg im Blick hat, anhand der Elternarbeit thematisiert werden. Ausgehend von problematischen Effekten klassischer Sozialarbeit mit Familien und Eltern, die sich oft – wie bereits im letzten Kapitel anklang – als Abgabe- und Kampfmuster zeigen, wird eine Alternative zu diesen Mustern verdeutlicht, die einen nachhaltigen Hilfeerfolg verspricht: die Kooperation zwischen Professionellen und Klienten, das Kooperationsmuster. Die Kooperation, die wiederum im Zusammenhang mit dem Praxisprojekt Triangel (siehe dazu bereits Kapitel 7) diskutiert wird, kann schließlich dazu führen, dass die klassische Asymmetrie zwischen Sozialarbeitern und ihren Adressaten verwischt wird, dass die Klienten mehr und mehr als Experten in Erscheinung treten (können).

Ausgangspunkte

Soziale Arbeit, die Eltern – in der Regel hinsichtlich der Schwierigkeiten und Probleme ihrer Kinder bzw. mit ihren Kindern – konstruktiv ansprechen will, gelingt in der Regel nur, wenn es die Professionellen schaffen, Kooperationsbeziehungen zu den Eltern herzustellen. Wenn Eltern sich jedoch in ihren oder in Belangen der Kinder übergangen oder gegängelt fühlen, sinkt die Wahrscheinlichkeit dafür, eine solche Kooperationsbeziehung aufbauen zu können. Was aber erhöht die Wahrscheinlichkeit von Kooperation in der Elternarbeit, insbesondere bei freien Trägern, die Erziehungshilfen (nach §§ 27 ff. SGB VIII) durchführen? Dies ist die zentrale Frage, die hier thematisiert wird. Die These ist, *dass es hinsichtlich des Aufbaus von Kooperationsprozessen in der Elternarbeit vor allem auf zweierlei ankommt: zum einen auf das Modell, das die Professionellen von der Familie in der modernen Gesellschaft haben, und zum anderen – davon ausgehend – auf die Haltung, die sie Eltern und ihren Kindern gegenüber zeigen.*

Oft jedoch ist die Praxis gekennzeichnet von Mustern in der Elternarbeit, die sich jenseits der Kooperation bewegen. Der Familientherapeut und Forscher in Sachen Kooperation in der Elternarbeit im Kontext der Erziehungshilfen Michael Biene (2003, 2004, o. J.; vgl. dazu auch Kleve 2003, S. 131 ff.) hat in dieser Hinsicht insbesondere zwei typische Muster in der sozialen, psychologischen und pädagogischen Elternarbeit beobachtet: das Abgabe- und das Kampfmuster. Beide Muster basieren ebenfalls auf bestimmten Vorstellungen vom System Familie und gehen mit bestimmten Haltungen einher. Bevor das Kooperationsmuster und ein dahinter stehendes Familienmodell sowie Verfahrensvorschläge zur Erhöhung der Wahrscheinlichkeit von Kooperation thematisiert werden, veranschauliche ich zunächst die beiden problematischen Muster sowie das damit verbundene Familienmodell.

8.1 Abgabemuster, Kampfmuster und Hintergrundmodelle

Das Abgabemuster geht mit bestimmten Interaktionen, Rollen und Wirkungen im Hinblick auf Kinder und Eltern sowie Professionelle einher, die knapp erläutert werden sollen. Die idealtypische Situation des Abgabemusters besteht darin, dass Eltern Professionelle in Anspruch nehmen, die ihnen suggerieren, dass die Probleme oder Schwierigkeiten, die ihr Kind zeigt, professionell bearbeitet werden müssen. Wir haben es diesbezüglich mit einer Abgabeinteraktion zu tun: Die Eltern geben das Kind und seine Probleme an die Professionellen ab, und diese nehmen es sowie seine Probleme an. Dahinter steht die Botschaft der Professionellen: »Wir sind die Experten für die Lösung der Probleme Ihres Kindes.« Hier erkennen wir außerdem die klassische professionelle Rollenaufteilung: Die Eltern sehen sich als Laien, die Professionellen bewerten sich als Experten. Gegenseitig bestätigen sich die Interaktionspartner diese Rollenzuschreibungen. Dies geht dann oft mit einer zunehmenden Passivität der Eltern und einer Aktivität der Fachkräfte einher. Das typische Arbeitsfeld, in dem das Abgabemuster häufig beobachtet werden kann, ist freilich die stationäre Unterbringung in Heimen. Dort haben Erzieherinnen und Erzieher nicht selten den Auftrag, Elternaufgaben kompensatorisch zu übernehmen.

Was sind die Wirkungen des Abgabemusters? Eine Wirkung klang bereits an: Die Eltern werden tendenziell inaktiv, sie ziehen sich aus der Verantwortung für die Erziehung des Kindes zurück bzw. lassen sich von den Professionellen aus dieser Verantwortung verdrängen. Hinter dieser Verantwortungsabgabe der Eltern und der Verantwortungsübernahme der Fachkräfte steht die Idee, dass das Kind wirkungsvoller öffentlich erzogen werden kann. Dies ist aber oft eine Illusion. In Heimen kennen Fachkräfte das Phänomen, dass Kinder von den Interaktionserfahrungen mit ihren Eltern immer wieder eingeholt werden, dass die Erfahrungen im Elternhaus im Gegensatz zu denen in der Einrichtung die prägenderen bleiben. Hier greift das klassische Bild der Erziehung als Sisyphos-Arbeit: Den Felsblock, den die Fachkräfte scheinbar immer wieder erfolgreich hochrollen, stoßen die Eltern immer wieder hinunter, sodass er erneut mit viel Kraft hochbefördert werden muss. Es wird hier aber auch deutlich, dass Kinder wirkungsvoll eigentlich nur über die Eltern erreicht werden können.

Das Kampfmuster geht ebenfalls mit typischen Interaktionen, Rollen und Wirkungen einher. Auch hier etabliert sich das klassische professionelle Verhältnis zwischen Laien und Experten. Nur befinden sich die vermeintlichen Laien und die vermeintlichen Experten in einem permanenten Kampf um die richtige Definition der je gegenwärtigen Situation. Die Eltern verneinen beispielsweise die Deutungen der Fachkräfte, nehmen deren Problemsichtweisen nicht an, sehen keine Schwierigkeiten etc. Die Dynamik ist hier oft eine so genannte symmetrische Eskalation: Je vehementer die Professionellen ihre Problemsichtweise artikulieren und die Eltern von dieser zu überzeugen versuchen, desto stärker wehren die Eltern diese Sichtweise ab und sperren sich gegen jede Problemwahrnehmung. In psychoanalytischer Terminologie könnte man diese Verhaltensweise auch als Widerstand bezeichnen. Es ist jedoch ein Widerstand, der systemisch erzeugt wird: Beide Parteien erzeugen ihn durch ihre wechselseitigen Interaktionen. Wer unter diesem Muster freilich am meisten zu leiden hat, ist das Kind. Wir sehen hier ein Muster, das dem ähnlich ist, welches wir mitunter bei zerstrittenen Eltern beobachten können, die ihre Konflikte auf dem Rücken des Kindes austragen.

Welches sind die Wirkungen des Kampfmusters? Nicht selten eskaliert die Situation, die Symptome des Kindes verschlimmern sich. Die Eltern schotten sich immer mehr ab, ohne dass dem Kind eine adäquate Hilfe zuteil wird.

Welche Familienmodelle fordern die beiden genannten problematischen Muster heraus? Jedenfalls steht hinter diesen Mustern das – wie bereits mehrfach anklang – klassische asymmetrische Professionsmodell von Laien und Experten. Der Experte hat das Wissen, der Laie nicht. Daher hat der Experte die Aufgabe, dieses Defizit für den Laien zu kompensieren. Sowohl im Abgabe- als auch im Kampfmuster wird davon ausgegangen, dass ein professionelles Besserwissen hinsichtlich der Erziehung von Kindern gegenüber den Eltern vorhanden ist. Schließlich herrscht der Glaube vor, dass professionelle Fachkräfte Elternaufgaben übernehmen können, dass sie also in der Lage sind, elterliche Defizite zu kompensieren.

Welches alternative Familienmodell lässt sich diesem Modell gegenüberstellen, und welche Haltungen, die ein Jenseits des Abgabe- und Kampfmusters wahrscheinlicher machen, könnten daraus folgen?

8.2 Systemtheoretisches Familienmodell – Eine Alternative

Mit der soziologischen Systemtheorie (siehe dazu bereits ausführlich Kapitel 7) können wir davon ausgehen, dass die Familie ein System in der Gesellschaft ist, dessen Funktionen von keinem anderen System kompensiert werden können. Nach der Theorie funktionaler Differenzierung (vgl. Luhmann 1997) als Teil der soziologischen Systemtheorie zerfällt die moderne Gesellschaft in verschiedene Funktionssysteme, z. B. in Wirtschaft, Politik, Recht, Wissenschaft etc. Die Elemente dieser Systeme sind jedoch keine Menschen, sondern lediglich Handlungen, die von diesen Systemen zu Kommunikationen deklariert werden, wenn sie als anschlussfähig gelten. Die Anschlussfähigkeit von Handlungen wird hergestellt durch bestimmte Medien, auf die sich die Handlungen beziehen müssen, wenn sie kommunikativ für diese Systeme relevant werden wollen. In der Wirtschaft bestimmt das Medium Geld die Kommunikationen bzw. die Anschlussfähigkeit der Handlungen, in der Politik ist es das Medium Macht, im Rechtssystem das Medium Recht und in der Wissenschaft das Medium Wahrheit. Menschen gelten für die Funktionssysteme also nur aufgrund bestimmter Handlungen, die ihnen als Kommunikationen zugerechnet werden, wenn sie sich auf die jeweiligen Medien beziehen. Man könnte auch sagen, dass Menschen in den Systemen nur mit ganz bestimmten Ausschnitten ihrer Persönlichkeit relevant sind, nur als ganz konkrete Rollenträger: In der Wirtschaft zählt u. a. der Käufer, in der Politik u. a. der Wähler, im Recht u. a. der gesetzestreue oder -brüchige

Staatsbürger, in der Wissenschaft u. a. der Autor wissenschaftlicher Publikationen. In der modernen Gesellschaft gibt es genau genommen keinen Ort, wo die Menschen als ganze zählen – außer: in den Familien bzw. in Intim- und tendenziell auch in Freundschaftsbeziehungen.

In Familien kommen Menschen sozusagen ganzheitlich zur Geltung. Nicht nur bestimmte Rollenaspekte sind hier relevant, sondern alles, was außerhalb und innerhalb der Familie passiert, kann Thema familiärer Kommunikation sein. Die Familie bezieht sich auf Menschen in einer Weise, wie dies ansonsten in der modernen Gesellschaft nicht oder nur kaum (nur noch in Intim- und teilweise in Freundschaftsbeziehungen) der Fall ist. Dies macht die besondere Bedeutung der Familie für den modernen Menschen aus. Diese besondere Bedeutung der Familie wurde in den Human- und Sozialwissenschaften seit dem Ende des 19. bzw. seit Beginn des 20. Jahrhunderts, also mit der gänzlichen Etablierung der modernen (funktional differenzierten) Gesellschaft immer wieder beschrieben – dazu einige Beispiele.

Die *Psychoanalyse* (siehe grundlegend Freud 1999) hebt die besondere Bedeutung der frühen familiären Sozialisation hervor, beschreibt die Ausbildung der psychischen Instanzen Es, Ich und Über-Ich im prägenden Kontext der Beziehungen zu Mutter und Vater und thematisiert des Weiteren das Phasenmodell der Sexualität. Immer spielen hier die Beziehungen zu den Eltern die entscheidende Rolle für die Ausprägung der Persönlichkeit. Kinder internalisieren von ihrer Geburt an (wahrscheinlich bereits im Mutterleib) die elterlichen Kommunikationsangebote, entwickeln ihre psychischen und emotionalen Modelle auf dieser Grundlage. Sie erlernen Liebe und Körperlichkeit in ihrer Familie und tragen schließlich das, was sie in ihrer Familie erfahren haben, in die Welt, was vom Konzept der Übertragung sehr plausibel beschrieben wird.

Die *Bindungstheorie* (siehe grundlegend Bowlby 1979) hat die Erkenntnisse, die die Psychoanalyse aus der Rekonstruktion der kindlichen Vergangenheit von Erwachsenen gewonnen hat, empirisch in der Beobachtung von Eltern-Kind-Interaktionen konkretisiert und vertieft. Die frühen Bindungserfahrungen der Menschen, die sie in der Regel im Kontakt zu ihren Eltern erfahren, prägen ihre Interaktionsmuster ein Leben lang, sie sind Modell für die Beziehungen, die Menschen in ihrem Leben bis zu ihrem Tode eingehen.

Die *Hirnforschung* (siehe zum Überblick Roth 2003) bestätigt diese Erkenntnisse aus der Psychoanalyse und der Bindungstheorie, indem sie beschreibt, wie sich bestimmte für die Emotionalität verantwortliche Hirnregionen in den ersten drei Lebensjahren ausbilden und danach kaum noch veränderbar sind.

Die *systemische Familienforschung* (siehe zum Überblick Simon, Clement u. Stierlin 1999) bündelt diese Einsichten schließlich, indem sie die Eingebundenheit des Menschen in seine Familie über Generationen hinweg thematisiert und verdeutlicht, dass wir nicht nur geprägt sind von dem, was hier und heute in unseren Familien passiert, sondern auch von dem, was in der Vergangenheit geschah. Wir übernehmen Aufträge von unseren Eltern oder Großeltern und geben Aufträge an unsere Kinder weiter, verarbeiten Erfahrungen, die wir selbst gar nicht gemacht haben, die aber unsere Familie weiterhin prägen.

Zusammenfassend lässt sich an diesem Punkt sagen, dass die Familie uns in einer Weise beeinflusst, wie wir dies oft kaum glauben können. Diese Einsicht scheint sich immer mehr auch in der populärwissenschaftlichen Literatur Bahn zu brechen, wie etwa in der Ausgabe der *Psychologie heute compact* zum Thema »Familienleben. Wie wir wurden, was wir sind« deutlich wird.

So schreiben dort die Familienforscher Franz J. Neyer und Frieder R. Lang (2005, S. 44), dass wir »uns in einer Zeit (befinden), in der die Menschen unbegrenzt mobil und scheinbar frei von traditionellen Bindungen leben können. Viele nehmen deshalb an, verwandtschaftliche Beziehungen seien unwichtig geworden und könnten durch beliebig gewählte Beziehungen ersetzt werden. Diese Annahme ist jedoch falsch. [...] Vor allem in schwierigen Lebenslagen ist Blut dicker als Wasser.« Im Vorwort derselben Zeitschrift stellt Ursula Nuber (2005, S. 3) fest: »Gleichgültig, wie stark die Familienbande sind, gleichgültig, wie emotional nah oder fern man sich den Blutsverwandten fühlt – die eigene Herkunft spielt in einer Zeit, in der viele Menschen leicht die Orientierung verlieren, eine immer größere Rolle.«

Ausgehend von einem solchen Familienmodell, wollen wir nun fragen, wie die Haltung von Professionellen beschaffen sein müsste, damit in der Elternarbeit Kooperation gelänge.

8.3 Haltungen für ein Kooperationsmuster – Drei Thesen

Grundsätzlich lässt sich aus der beschriebenen Funktion der Familie in der modernen Gesellschaft ableiten, dass Professionelle diese

Funktion nicht ersetzen können. Denn professionelle Kommunikation kann sich nicht – im Gegensatz zu familiärer Kommunikation – ganzheitlich auf Menschen beziehen. Professionelle Kommunikation ist eingebunden in das Funktionssystem der Sozialen Arbeit, der öffentlichen Erziehung oder des Gesundheitssystems und greift daher immer nur auf Ausschnitte von Menschen zu, lediglich auf bestimmte Rollenaspekte. Die Kommunikation von Sozialarbeiterinnen und Sozialarbeitern, von Erzieherinnen und Erziehern, von Psychologinnen und Psychologen wird nicht (wie in der Familie) vom Medium der Liebe geprägt, sondern von anderen (professionellen) Kriterien, etwa wirtschaftlichen. Schließlich sind Professionelle in Organisationen eingebunden und als Erwerbstätige beschäftigt, die mit dem, was sie tun, Geld verdienen. Professionelle können die Eltern bzw. die Familie nicht ersetzen, sie können aber Unterstützungen und Hilfen (etwa hinsichtlich der Erziehung) anbieten, damit Eltern und Familien ihre Funktion gelingender erfüllen können. Die erste These lautet daher: *Die Funktionen der Eltern und Familien können professionell nicht kompensiert (nicht ersetzt), aber konstruktiv unterstützt und gestärkt werden.*

Wie kann jedoch die elterliche bzw. familiäre Funktion konstruktiv gestützt werden? Als Grundlage dafür sollte die Einsicht stehen, dass Eltern am besten wissen, was gut für sie ist, dass sie auch ein Gespür dafür haben, was gut für ihre Kinder ist, dass sie Experten in eigener Sache sind. Es geht hier darum, die klassische professionelle Asymmetrie aufzubrechen, nach der Klienten Laien und Professionelle Experten sind. Im Gegenteil dazu wird empfohlen, die Klienten als Experten für die eigenen Belange zu betrachten. Die Fachkräfte haben in diesem Zusammenhang die Aufgabe, diesen Expertenstatus der Eltern zum Vorschein zu bringen, die Eltern zu stützen, sodass sie sich trauen, selbst herzufinden, was das Beste für sie und ihre Kinder ist. So lautet die zweite These: *Eltern sind Experten für die Erziehung ihrer Kinder. Eltern sollten hinsichtlich dieser Expertenrolle angesprochen werden.*

Eine dritte Haltung resultiert aus den ersten beiden Thesen: Wenn die Familienfunktionen nicht professionell kompensiert werden können, dann haben die Kommunikationen von Professionellen im Hinblick auf Familienmitglieder (etwa Kinder und Jugendliche) auch weniger veränderungsinitiierende Wirkung als familiäre Kommunikationen (etwa seitens der Eltern). Das, was Eltern tun, tangiert Kinder und Jugendliche immer stärker als das, was von den Fachkräften getan wird. Davon ausgehend, lautet die dritte These: *Wenn das Verhalten von*

Kindern oder Jugendlichen zur Disposition steht, wenn es verändert werden soll, dann kann diese Veränderung vor allem über die Eltern geschehen.

8.4 Rollen und Kooperationsmuster im »Grau- und Gefährdungsbereich«

Die These, der im Folgenden nachgegangen werden soll, lautet, *dass Kooperationsmuster herstellbar sind, wenn die Professionellen von dem beschriebenen Familienmodell und den erläuterten Haltungen ausgehen.* Das bedeutet, dass Schwierigkeiten mit Klientinnen und Klienten nicht diesen Klienten zugerechnet werden, sondern dass immer auch zu untersuchen ist, was die Professionellen ändern müssten oder könnten, damit sich die Wahrscheinlichkeit einer Kooperationsbeziehung erhöhen kann.

Allerdings ist es bei der Herstellung von Kooperationsbeziehungen in der Elternarbeit ausgesprochen wichtig, dass die unterschiedlichen Hilfesysteme ihre jeweiligen Rollen im Kontakt miteinander und vor allem im Kontakt mit den Eltern genau und transparent definieren. Insbesondere in Fällen im so genannten Grau- bzw. Gefährdungsbereich, also wenn infrage steht, ob unklar bzw. wenn klar ist, dass Eltern das Wohl ihrer Kinder gefährden, ist die Funktion der jeweiligen Helfer genau zu bestimmten – zusätzlich wird diese Klarheit hinsichtlich der jeweiligen Funktionen deutlich, wenn die Eltern sich im Kampfmuster befinden und (zunächst) jede Unterstützung ablehnen. Hier kann vom öffentlichen Jugendhilfeträger, vom Jugendamt bzw. vom Allgemeinen Sozialpädagogischen Dienst erwartet werden, dass das staatliche Wächteramt und damit die Schutzfunktion den Kindern gegenüber sowie die Kontrollfunktion den Eltern gegenüber artikuliert und realisiert werden.

Die Eltern sind von den Schritten zu unterrichten, die das Jugendamt gehen wird, wenn die Kindeswohlgefährdung anhält und wenn die Eltern nicht nach Alternativen zur problematischen Situation suchen. Erst bei einer solchen klaren Position des Jugendamtes den Eltern gegenüber ist es für einen freien Träger der Jugendhilfe möglich, eine Arbeit zu gestalten, bei der sich die Chancen zur Herstellung einer Kooperationsbeziehung erhöhen. Es geht also darum, die Ambivalenz von Hilfe und Kontrolle (siehe etwa Kleve 1999, S. 244 ff.), die jede Soziale Arbeit in Selbst- und Fremdgefährdungssituationen kennzeichnet, institutionell und damit freilich auch personell aufzuteilen: *Für den Kinderschutz und die Elternkontrolle ist das Jugendamt als Inhaber des staatlichen Wächteramtes zuständig; für die Etablierung einer Kooperationsbeziehung mit den Eltern und die intensive Arbeit an den Problemen der Familie ist der freie Träger verantwortlich.*

Wir haben es hier mit einer Situation zu tun, die so konstituiert ist, dass das Jugendamt insbesondere das Wohl und den Schutz des Kindes im Blick hat und den Eltern gegenüber eine Kontroll- und Druckfunktion ausübt. Der freie Träger hat dem gegenüber vor allem die Eltern im Blick und macht diesen eine Zusammenarbeit zum Angebot, die dabei hilft, dass (wieder) eine Familiensituation geschaffen wird, in der das Jugendamt seinen Kontrolldruck abstellt.

*

Dass eine Kooperationsbeziehung entsteht, setzt also voraus, dass Professionelle sich fragen, zu welchen Verhaltensweisen und Handlungen sie die Klientinnen und Klienten einladen. Ist es die intendierte Kooperation, zu der sie einladen, oder die Problemabgabe und -abwehr? Damit sich ein Kooperationsmuster etabliert, ist es erforderlich, dass Professionelle intensiv an ihren eigenen Haltungen arbeiten. Diese Haltungsarbeit erfordert insbesondere die Reflexion des Familienmodells und gegebenenfalls seine Veränderung sowie die intensive Kooperation der beteiligten Hilfesysteme, insbesondere der öffentlichen und freien Träger. Erst diese Kooperation auf der Ebene der Fachkräfte erlaubt es, die Ambivalenz von Hilfe und Kontrolle in der Kinder-, Jugend- und Familienhilfe zu nutzen, um mit Eltern konstruktiv zu kooperieren.

9. Systemische Metaprinzipien und Grundannahmen – am Beispiel der Kooperation von Jugendamt und freien Trägern

Das folgende letzte Kapitel, in dem es wieder um Kooperation geht (siehe dazu auch Kapitel 8), provoziert möglicherweise vor allem deshalb, weil es sich einer Auffassung anschließt, die auf die umstrittenen Arbeiten von Bert Hellinger zurückgeht: dass soziale Systeme erfolgreich und nachhaltig angeregt werden können durch die Nutzung recht einfach wirkender Metaprinzipien und Grundannahmen zum Systemerhalt und zur Systementwicklung. Diese Prinzipien und Annahmen wurden durch Matthias Varga von Kibéd und Insa Sparrer systemisch-konstruktivistisch rekonstruiert. Genau in dieser Form finden sie im Folgenden Anwendung, und zwar am Beispiel der Gestaltung von Kooperationsbeziehungen zwischen komplexen Systemen, hier speziell zwischen dem Jugendamt und den freien Trägern der Kinder- und Jugendhilfe.

Ausgangspunkte

In der Kinder- und Jugendhilfe ist die Kooperation zwischen den öffentlichen Trägern, insbesondere zwischen den Allgemeinen Sozialpädagogischen Diensten der Jugendämter und den freien Trägern, die Hilfen zur Erziehung (gemäß §§ 27 ff. SGB VIII) anbieten, eine Alltäglichkeit. Ohne Kooperation geht hier nichts. Dies ist allein schon deshalb so, weil sich die Leistungsverpflichtung an die öffentlichen Träger richtet. Mit anderen Worten, die Finanzierung von Leistungen, die freie Träger nach dem Kinder- und Jugendhilfegesetz (SGB VIII) durchführen, hat von den öffentlichen Trägern zu erfolgen (vgl. § 2 Abs. 2 SGB VIII). Insofern sind die freien Träger hinsichtlich der ökonomischen Absicherung ihrer Arbeit auf die öffentlichen Träger angewiesen. Umgekehrt sind die öffentlichen Träger auf die freien verwiesen, weil sie eigene Einrichtungen, Dienste oder Veranstaltungen nicht entwickeln oder vorhalten sollen, wenn diese von anerkannten freien Trägern wahrgenommen werden (vgl. § 2 Abs. 3 SGB VIII). Hier bedarf es also klarer Absprachen und Strukturen der Kooperation. Diese Kooperationsstrukturen expliziert der Gesetzgeber, und zwar zum einen, wenn er die Vielfalt von freien Trägern hinsichtlich ihrer Wertorientierungen sowie ihrer Inhalte, Methoden und Arbeitsformen konstatiert und rechtlich anerkennt (vgl. § 3 SGB VIII), und zum anderen, wenn er die partnerschaftliche Zusammenarbeit, die sich zwischen den beiden Trägerformen realisieren soll, einfordert (vgl. § 4 SGB VIII).

Ergänzend zu diesen kurzen Ausführungen, die sich lediglich auf die »Allgemeinen Vorschriften«, also auf den Eingangsteil des Kinder- und Jugendhilfegesetzes (SGB VIII) beziehen, lassen sich viele weitere Beispiele aufzählen, die sowohl rechtlich als auch rein faktisch deutlich machen, warum und wozu die Kooperation zwischen öffentlichen und freien Trägern der Kinder- und Jugendhilfe notwendig ist. Wo liegt also das Problem? Warum steht die Kooperation zur Debatte?

Kooperation ist zwar rechtlich fixiert, und die täglichen Arbeitsprozesse zeigen immer wieder erneut, dass sie unumgänglich ist. Aber dennoch versteht sich Kooperation nicht von selbst. Als ein kommunikativer Prozess zwischen unterschiedlichen Partnern muss Kooperation immer wieder von neuem aktiv und bewusst hergestellt und aufrechterhalten werden. In einem Satz: Damit sich Kooperationsstrukturen nicht nur gelegentlich, spontan, situationsabhängig und eher zufällig, sondern dauerhaft zwischen den Organisationen als partnerschaftliche Zusammenarbeit stabil einstellen, muss die harte Arbeit des gegenseitigen Einbeziehens, des Achtens und Anerkennens, der Wertschätzung und Akzeptanz der unterschiedlichen Rollen, kurz: der Vertrauensbildung geleistet werden.

In diesem Kapitel sollen einige Anregungen gegeben werden, die dabei helfen könnten, Kooperationsbeziehungen zwischen komplexen Systemen systematisch und erfolgreich zu entwickeln sowie aufrechtzuerhalten. Am Beispiel der Reflexion von Kooperationsbeziehungen soll zugleich die Brauchbarkeit von Erkenntnissen veranschaulicht werden, die in den letzten Jahren, ausgehend von der Arbeit mit *Systemaufstellungen,* gewonnen wurden (siehe dazu etwa Weber 2000, 2002; Weber, Schmidt u. Simon 2005).

9.1 Die Erkenntnisse aus der systemischen Aufstellungsarbeit

Insbesondere Varga von Kibéd und Sparrer (siehe 2005; sowie Sparrer 2004, 2006) gebührt das Verdienst, wesentliche Erfahrungen aus der Aufstellungsarbeit so herausgearbeitet zu haben, dass sich die Dynamiken von einfachen und komplexen Sozialsystemen auf einige wenige Metaprinzipien und Grundannahmen zurückführen lassen. Bevor diese Prinzipien und Grundannahmen beleuchtet werden, will ich nochmals betonen, dass sie sehr verwandt sind mit den Erkenntnissen Bert Hellingers, mit seinen Vorstellungen von den Ordnungen in sozialen Systemen (siehe dazu etwa Weber 1997). Interessant ist in diesem Zusammenhang aber sicherlich auch – darauf weist Wilfried Nelles (2006) hin –, dass man mit dem Soziologen Karl Otto Hondrich (2006) davon sprechen kann, dass die hellingerschen Ordnungsvorstellungen von Sozialsystemen genau genommen »elementare Sozialprozesse« beschreiben, denen wir ausgeliefert sind, wenn wir uns in sozialsystemischen, also in zwischenmenschlichen Zusammenhängen bewegen. Die Problematik der Arbeit Hellingers liegt jedoch darin, die Vorstellungen von den Systemordnungen deskriptiv (beschreibend) oder – noch problematischer – präskriptiv bzw. normativ (vorschreibend) zu verstehen (vgl. Varga von Kibéd u. Sparrer 2005, S. 180). In Abgrenzung dazu ist ein eher *kuratives* Verständnis der Prinzipien und Annahmen zu empfehlen:

> »Die kurative Prinzipienauffassung nimmt die Prinzipien also weder als Beschreibung eines Ist-Zustandes (deskriptiv) noch eines Soll-Zustandes (normativ), sondern verwendet sie als Als-ob-Konstruktionen, deren Verletzung Hinweise auf Heilungsansätze bietet. Damit stellen die Prinzipien ein präventives Mittel dar [...]. Ist der Heilungsversuch [etwa nach Anwendung eines Prinzips; H. K.] dann erfolgreich, folgt daraus keineswegs, dass das Prinzip deskriptiv oder normativ richtig gewesen wäre« (ebd., S. 181).

Was letztlich – ganz im Sinne des Konstruktivismus – nur gesagt werden kann, ist, dass sich die Nutzung der Metaprinzipien und Grundannahmen als äußerst passend und brauchbar erweisen könnte, wenn es darum geht, Konflikte und Probleme in Sozialsystemen zu klären und zu lösen.

Diese Brauchbarkeit ist vergleichbar mit der Nutzung der Axiome der Kommunikation, die Paul Watzlawick et al. (1969) entwickelt haben. Wenn sich beispielsweise zwei Personen streiten, dann kann es sehr sinnvoll und effektiv sein, mit ihnen darüber zu reden, dass sich in ihren Mitteilungen Sachbotschaften (Inhaltsebene) mit Beziehungsbotschaften vermischen und dass sie versuchen könnten zu überlegen, worum es ihnen jetzt geht, um die Sache oder um ihre Beziehung.

9.2 Systemische Metaprinzipien und Grundannahmen und die Bedingungen gelingender Kooperation

Die These, um die es im Folgenden geht, lautet, *dass sich die Metaprinzipien und Grundannahmen zum Systemerhalt und zur konstruktiven Systementwicklung dazu eignen, Bedingungen für eine gelingende Kooperation zwischen sozialen Systemen zu beschreiben – zum Beispiel zwischen den Systemen Jugendamt und freie Träger.* Wie lauten nun diese Metaprinzipien und Grundannahmen? (Vgl. zum Überblick Varga von Kibéd u. Sparrer 2005, S. 181 ff.)

1. Metaprinzip
Das Gegebene anerkennen!

2. Metaprinzip
Die Hierarchie (von eins bis vier) der folgenden Grundannahmen ist zu beachten!

<u>1. Grundannahme</u>
Prinzip der Zugehörigkeitsregelung bzw. der Systemmitgliedschaft: Jedes Systemmitglied hat das gleiche Recht auf Zugehörigkeit.

<u>2. Grundannahme</u>
Bei Systemwachstum, also beim Hinzukommen von Systemmitgliedern: Beachtung der *direkten* zeitlichen Reihenfolge der Mitgliedschaften.

<u>3. Grundannahme</u>
Bei Systemfortpflanzung, also beim Herausbilden neuer Systeme aus dem »alten«: Beachtung der *indirekten* zeitlichen Reihenfolge der Mitgliedschaftspräferenz.

<u>4. Grundannahme</u>
Individuation: Beachtung der Leistungen und Fähigkeiten der Systemmitglieder.

3. Metaprinzip
Ausgleich von Geben und Nehmen (als Austausch, Rückgabe oder Weitergabe) zwischen den Systemmitgliedern als maßgeblicher Einflussfaktor hinsichtlich der gegenseitigen Bindungen.

9.2.1 Das erste und das zweite Metaprinzip

Das Gegebene anerkennen! So lautet das *erste*, recht simpel klingende *Metaprinzip*. Hiermit ist gemeint, dass es zunächst äußerst wichtig ist, das Gegebene, das, was sich in der Wahrnehmung als real zeigt, zu akzeptieren. Es geht darum, allen individuellen und sozialen Strategien des Leugnens, Verdrängens, Übersehens und Ausblendens zu widerstehen. Das Gegebene soll so, wie es sich jeweils zeigt, angeschaut werden. Dieses Grundprinzip einer phänomenalen Schau, also einer weitgehend bewertungsfreien Betrachtung der Erscheinungen, lässt sich leichter realisieren, wenn man seine Wahrnehmungen, Beobachtungen und Empfindungen von einem grundsätzlichen *Nichtwissen* leiten lässt:

> »Das Nichtwissen [...] hilft uns beim Verzicht auf Interpretationen und Hypothesen. Das Nichtwissen macht es uns leichter, die meist unerfüllbare Forderung des völligen Verstehens durch ›nützliche Formen des Missverstehens‹ (de Shazer) zu ersetzen. Es entspricht dem systemischen Grundprinzip des ›Anerkennen, was ist‹, denn die meisten Formen eines inhaltlich abgegrenzten Wissens sind nur zweifelhafte Formen der Gewissheit. Es erlaubt uns, den Zugang zur Wahrnehmung und vor allem zur Selbstwahrnehmung als nicht besitzhafte Form der Teilhabe an Wissen zu finden. Und es verzichtet darauf, den Inhalten des Gewussten fragwürdige Dauer zu verleihen, und dient so der Haltung, immer wieder neu und offen hinzuschauen, zu fragen und wahrzunehmen« (Varga von Kibéd u. Sparrer 2005, S. 170; vgl. dazu auch Kleve 2006b).

Bezogen auf die Thematik der Kooperation zwischen dem Jugendamt und den freien Trägern, müssen freilich einige Gegebenheiten akzeptiert werden, die zunächst einmal nicht verändert werden können und die die Kooperation möglicherweise erschweren. Ich möchte lediglich drei aufzählen und kurz erläutern, sicherlich lassen sich noch viele weitere wichtige Aspekte finden.

Erste Gegebenheit: *Zwischen dem Jugendamt und den freien Trägern lassen sich im Kontext der derzeitigen finanziellen Krise des Sozialstaates unterschiedliche finanzielle Interessen beobachten.* Das Jugendamt als öffentlicher Träger und Finanzier der Leistungen der Kinder- und Jugendhilfe ist von den Sparvorgaben des Staates unmittelbar betroffen, hat also das staatlich vorgegebene Ziel umzusetzen, die Ausgaben – so weit wie dies rechtlich möglich ist – zu verringern. Die freien Träger als Organisationen, die auf einem Markt sozialer Dienstleistungen miteinander konkurrieren und sich (noch) nach betriebswirtschaftlichen Kriterien (z. B. über Fachleistungsstunden- oder Tagessätze) finanzieren, haben freilich das entgegensetzte Ziel, nämlich die Einnahmen zu konsolidieren oder gar zu erhöhen. Denn Konsolidierung und Wachstum sind die strukturell eingeschweißten Bestrebungen von Organisationen in der modernen (kapitalistischen) Gesellschaft.

Zweite Gegebenheit: *Zwischen dem Jugendamt und den freien Trägern lässt sich ein Machtgefälle zugunsten des Jugendamtes beobachten.* Macht ist in klassischer soziologischer Diktion ein Phänomen, das sich dadurch ausdrückt, dass innerhalb einer sozialen Beziehung ein Partner A das Potenzial hat, von einem Partner B bestimmtes Verhalten zu verlangen vor dem Hintergrund, dass bei Nichtrealisierung dieses Verhaltens durch Partner B für diesen unerwünschte Sanktionen (z. B. Abbruch der sozialen Beziehung) durch Partner A drohen. Genau in dieser Weise erleben sich möglicherweise die freien Träger von der Macht des Jugendamtes beeinflusst, das potenziell die Möglichkeit hat, bestimmte freie Träger, die sich aus der Sicht des Jugendamtes unerwünscht verhalten, hinsichtlich der Vergabe von Hilfeaufträgen zu meiden. Ein freier Träger, der sich als Organisation konsolidieren und vielleicht sogar expandieren will, wird alles tun, um die Finanzierung durch das Jugendamt nicht zu gefährden, und fühlt sich diesbezüglich abhängig und gebunden.

Dritte Gegebenheit: *Das Jugendamt und die freien Träger nehmen in Hilfeprozessen sehr unterschiedliche (gesetzlich fixierte und fachliche) Rollen ein.* Das Jugendamt übernimmt im Auftrag des Staates die Aufgabe, über die angemessene Ausübung der elterlichen Sorge zu wachen. Es hat in diesem Zusammenhang auch kontrollierende Funktionen: Immer dann, wenn infrage steht, ob, oder wenn klar ist, dass Eltern das Wohl ihrer Kinder gefährden, ist die Kontrolle (der Eltern) und der Schutz der Kinder erstrangiger Auftrag der Mitarbeiterinnen und Mitarbeiter des Allgemeinen Sozialpädagogischen Dienstes (§ 8a SGB VIII). So lassen sich die Aufgabenbereiche des Jugendamtes in drei Kategorien unterscheiden: in Leistungsbereich, Graubereich und Gefährdungsbereich. Im Leistungsbereich nehmen Klienten Angebote des Jugendamtes wahr, lassen sich beraten, unterstützen oder an freie Träger weiterverweisen – die Frage, ob das Wohl von Kindern gefährdet ist, steht nicht zur Debatte. Im Graubereich steht genau diese Frage zur Debatte, und im Gefährdungsbereich ist diese Frage mit der Feststellung der Kindeswohlgefährdung beantwortet. Freie Träger haben im Sinne des Wächteramtes keine kontrollierenden Aufgaben. Ihre Rolle ist eindeutig jene der Hilfe. Immer dann, wenn eine Hilfe vom Leistungsbereich zum Grau- oder Gefährdungsbereich tendiert, ist das Jugendamt einzuschalten (§ 8a insbes. Abs 2). Gerade in Fällen des Kinderschutzes und der Elternkontrolle ist diese klare Differenzierung der Rollen für eine konstruktive Gestaltung des Hilfeprozesses entscheidend. Das Jugendamt hat eine eindeutig kontrollierende Funktion und übt diese transparent den Eltern gegenüber aus; während der freie Träger ein Hilfeangebot formuliert, das darin besteht, die Familie dabei zu unterstützen, die Bedingungen, die zur Kontrolle des Jugendamtes führen, so schnell wie möglich zu verändern (vgl. ausführlicher dazu Kapitel 8).

An dieser Stelle soll die Aufzählung von Gegebenheiten, die zu akzeptieren sind, abgebrochen werden. Wie gesagt, es lassen sich sicherlich noch eine Vielzahl solcher Bedingungen aufführen, die es anzuerkennen gilt, will man die Kooperation konstruktiv vorantreiben.

Die Hierarchie (von eins bis vier) der folgenden Grundannahmen ist zu beachten! So lautet das *zweite Metaprinzip*. Damit soll zum Ausdruck gebracht werden, dass die vier Grundannahmen, die sogleich erläutert werden, »für die Herstellung einer heilsamen Ordnung [...] in der Reihenfolge 1.-4. (gelten)« (Varga von Kibéd u. Sparrer 2005, S. 181). Die Beachtung der Grundannahmen auf höherer Ebene ist nicht wirkungsvoll, wenn bei einer tieferen Ebene Störungen vorliegen. Daher muss die Reflexion von Systemen hinsichtlich dieser Grundannahmen zunächst bei eins beginnen und sich langsam zu den nächsten Punkten fortbewegen.

9.2.2 Die vier Grundannahmen

Das Prinzip der Zugehörigkeitsregelung bzw. der Systemmitgliedschaft gilt als *erste Grundannahme*, nach der jedes Systemmitglied das gleiche Recht auf Zugehörigkeit hat. Zum einen ist hier die *Vollzähligkeit* zu beachten. Demnach ist es wichtig, alle Mitglieder des Systems einzubeziehen. Zum anderen ist der Aspekt der *Gleichrangigkeit bedeutend. Demnach haben alle unterschiedlichen Arten der Mitgliedschaft das gleiche Recht, einbezogen zu werden.*

Wenn es in Systemen zu Problemen, zu Symptomatiken kommt, könnte es sinnvoll sein zu fragen, ob Mitglieder ausgeschlossen, verschwiegen oder abgewertet werden. Wenn dies der Fall ist, gilt es, diese einzubeziehen, anzuerkennen, zu achten. Denn auch hier geht es um die Anerkennung des Gegebenen, und zwar hinsichtlich der Mitgliedschaft in sozialen Systemen. Diese Mitgliedschaft versteht sich – anders als etwa in Familien, wo sie durch die Geburt geregelt wird – in Organisationen nicht von selbst. Daher müssen klare Mitgliedschaftsregeln vereinbart werden, die für alle transparent machen, wo Inklusion (also Mitgliedschaft in einem sozialen System) und Exklusion (also der Austritt bzw. Ausschluss aus dem System) beginnen.

Gerade in Kooperationsbeziehungen ist die Einbeziehung der unterschiedlichen Partner des Kooperationsprozesses ausschlaggebend. Soll beispielsweise die Kooperation zwischen dem Jugendamt und den freien Trägern gelingen, dann ist es notwendig, dass beide Parteien in gleicher quantitativer und qualitativer Weise Teil bzw. Mitglied des Kooperationssystems sind. Soll die Kooperation erfolgreich sein, so müssen die Beteiligten das Gefühl gewinnen, dass sie füreinander wichtig sind und dass Entscheidungen, die für alle Beteiligten bedeutend sind, erst dann getroffen werden, wenn Partizipationsprozesse, bei denen alle Kooperationspartner einbezogen wurden, gelaufen sind. Brauchbar scheint mir hier ein Slogan zu sein, der seit einigen Jahren immer mal wieder erklingt, wenn es um die Zusammenarbeit von Jugendämtern und freien Trägern geht: *Kooperation auf gleicher Augenhöhe!*

Sobald ein Kooperationspartner das Gefühl hat, übergangen zu werden und von Prozessen, die für ihn bedeutend sind, ausgeschlossen zu sein, ist es an der Zeit, die erste Grundannahme in Erinnerung zu rufen und die diesbezügliche Ordnung des vollständigen und gleichrangigen Einbezugs des Partners wiederherzustellen.

Bei Systemwachstum, also beim Hinzukommen von Systemmitgliedern, ist die direkte zeitliche Reihenfolge zu beachten, wie es mit der *zweiten Grundannahme* heißt. Hier geht es darum zu sehen, dass ein System an Mitgliedern vor allem dann konstruktiv wachsen kann, wenn die Mitglieder, die später zum System dazugekommen sind, beachten, dass es bereits Systemmitglieder gibt, die vor ihnen zum System gehörten. Dieses Prinzip ermöglicht und sichert das Systemwachstum zuallererst, da bei seiner Nichtbeachtung, »der Raumverlust der früheren Systemelemente in der Regel zu Gegenreaktionen gegen das Systemwachstum führt« (Varga von Kibéd u. Sparrer 2005, S. 183). Man könnte hier auch an das Schlangestehen vor einer Supermarktkasse denken: Diejenigen, die vorher da waren, haben eine andere Position als diejenigen, die später dazugekommen sind. Wenn es zum (unbegründeten und ungerechtfertigten) Vorziehen von später in der Schlange dazugekommenen Personen kommt, entsteht in der Regel ein Konflikt.

In Kooperationsbeziehungen muss klar sein, welche Voraussetzungen oder Leistungen neu dazugekommene Kooperationspartner mit- bzw. einbringen müssen. Wenn das Jugendamt und einige freie Träger bereits gut und konstruktiv kooperieren, was sich beispielsweise für die freien Träger auch als finanzielle Sicherheit darstellt, dann kann es zu Konflikten kommen, wenn neu dazukommende freie Träger die gleichen Kooperationsbedingungen für sich einfordern. Hier ist das Sich-hinten-Anstellen angesagt. Vordrängeln wird wohl kaum zugelassen werden.

Wenn es also im Rahmen der Kooperation mit dem Jugendamt zwischen freien Trägern zu Konflikten kommt, dann könnte es sinnvoll sein, einmal zu prüfen, ob das Prinzip der direkten zeitlichen Reihenfolge beachtet wird. Fragen, die dann nützlich sein könnten, wären: *Wer war im Kooperationssystem zuerst da, wer kam danach? Beachten und anerkennen die später Dazugekommenen die zeitliche Reihenfolge der Mitgliedschaftsrechte? Werden diejenigen, die bereits länger Mitglied im System sind, von den später Dazugekommenen in angemessener Weise gewürdigt, akzeptiert und anerkannt?*

Bei Systemfortpflanzung, also beim Herausbilden neuer Systeme aus »alten«, ist die Beachtung der indirekten zeitlichen Reihenfolge der Mitgliedschaftspräferenz wichtig. So lautet die *dritte Grundannahme* und besagt, dass beim Ignorieren dieser Regel »die schwächere Grenze des jüngeren Systems häufig zu dessen Reabsorption durch das ältere oder zur Diffusion führt« (Varga von Kibéd u. Sparrer 2005, S. 183). Ein neues System hat nur eine Chance, sich als System zu stabilisieren, wenn ihm das ältere System, aus dem es hervorgegangen ist, räumliche und zeitliche Freiräume zur Entwicklung gewährt. Für die Kooperation bedeutet dies, dass diese nur gelingen kann, wenn die Systeme, die kooperieren, dem dritten System, das gewissermaßen als Kooperationssystem zwischen den Partnern entsteht, genügend Entfaltungsraum und -zeit zugestehen.

Wenn es in der Kooperation zwischen dem Jugendamt und den freien Trägern zu Konflikten, Problemen oder Symptomen kommt, kann gefragt werden, ob die Herkunftssysteme, mithin das Jugendamt und die freien Träger, dem Kooperationsprozess bzw. -system genügend zeitliche und räumliche Ressourcen zur Verfügung stellen, damit er sich entfalten kann. Die hier relevanten Fragestellungen wären beispielsweise: *Wird dem neueren System (der Kooperationsbeziehung) genügend Raum und Zeit zur Etablierung und Verfestigung seiner Mitgliedschaften und Bindungen gegeben? Akzeptiert das ältere System die Grenzen sowie die Raum- und Zeitansprüche des neueren?* Damit Kooperation gelingen kann, müssen die Kooperationspartner in den Kooperationsprozess investieren. Genau darum geht es hier. Bei Problemen mit der Kooperation können diese Investitionen daraufhin reflektiert und geprüft werden, ob sie ausreichen oder erhöht werden müssten.

Die Beachtung der Individuation innerhalb des Systems, also die Wertschätzung und Förderung der individuellen Leistungen und Fähigkeiten, ist bedeutend, wie es mit der *vierten Grundannahme* heißt. Demnach entwickeln sich Systeme konstruktiv und stabilisieren sich, wenn die einzelnen Mitglieder in Abhängigkeit von ihren Fähigkeiten und Leistungen wertgeschätzt und beachtet werden. Das System verstärkt seine stabilisierenden Dynamiken, wenn diejenigen, die mit ihren Fähigkeiten für das System etwas leisten, sich gewürdigt und anerkannt fühlen. Dies steigert zugleich auch die Motivation der anderen Systemmitglieder, entsprechend ihren Fähigkeiten Leistung ins System einzubringen.

Für die Kooperation ist dies relevant, da insbesondere diejenigen, die für den Kooperationsprozess viel investiert haben, entsprechend wertgeschätzt werden sollten. Gerät dieser Prozess ins Stocken, so könnte gefragt werden, ob diejenigen, die diesen Prozess bisher vor allem initiiert, entwickelt und etabliert haben, sich genug beachtet und honoriert fühlen. Sollte dies nicht der Fall sein, so kann durch eine nachträgliche Würdigung der entsprechenden Systemmitglieder für ihre Leistungen und eingesetzten Fähigkeiten der Kooperationsprozess wieder vorangebracht werden. Relevante Fragen wären hier: *Werden im System die gezeigten Leistungen und vorhandenen Fähigkeiten wertgeschätzt? Werden die Systemmitglieder entsprechend ihren erbrachten und potenziellen Fähigkeiten einbezogen?*

9.2.3 Das dritte Metaprinzip

Die Bindung zwischen den Systemmitgliedern wird durch Prozesse des gegenseitigen Ausgleichs von Geben und Nehmen (als Austausch, Rückgabe oder Weitergabe) realisiert. So lautet das *dritte Metaprinzip*, mit dem zum Ausdruck gebracht wird, dass soziale Beziehungen, die ja soziale Systeme prägen, Beziehungen der Gegenseitigkeit oder Wechselwirkung sind. Wenn wir innerhalb einer sozialen Beziehung etwas geben, dann erwerben wir sozusagen eine »Anspruchsberechtigung«, auch etwas zurückzubekommen. Die Person, die etwas bekommt, erwirbt gewissermaßen einen »Schuldschein«. Der eingangs bereits erwähnte Soziologe Hondrich (2006, S. 45) nennt diesen elementaren Sozialprozess das *Erwidern*.

Die am nächsten liegende Form des Erwiderns ist freilich der Austausch, also Gabe und Rückgabe. Einer bekommt etwas von einem anderen und gibt dies (nach Gebrauch bzw. nach einer gewissen Zeit) wieder zurück. Oder er gibt ein Äquivalent zurück für das, was er bekommen hat. In der Wirtschaft ist dieses Äquivalent üblicherweise Geld. Das Prinzip von Gabe und Rückgabe kann so zu einem abschließenden Ausgleich führen, die soziale Beziehung ist sodann beendet. Zu einer Beziehungsentwicklung bzw. -dynamik innerhalb von sozialen Systemen kommt es jedoch vor allem dann, wenn eine Differenz zwischen Geben und Rückgabe permanent aufrechterhalten bzw. immer wieder erneut hergestellt wird, wenn gegeben und so zurückgegeben wird, dass erneut »Anspruchsberechtigungen« und »Schulden« entstehen. Soziale Beziehungen leben und entwickeln sich durch diese Differenz des niemals vollständig erfolgten Ausgleichs.

In bestimmten Sozialbeziehungen, insbesondere zwischen Eltern und Kindern, ist keine Rückgabe dessen möglich, was gegeben bzw. empfangen wurde. So können die Kinder das, was sie von ihren Eltern bekommen, was diese gegeben haben, niemals wieder zurückgeben. Das *Leben* lässt sich allerdings *weitergeben*, an eigene Kinder.

Hinsichtlich von Kooperationsbeziehungen ist es äußerst wichtig, dass die Kooperation durch den permanenten Wechsel, durch das ständige Erwidern von angemessenen Formen des Gebens, Nehmens und Zurückgebens wächst. Dabei relevante Fragen wären: *Wie regelt sich der Ausgleich im Kooperationssystem zwischen den Mitgliedern? Haben die Mitglieder des Systems das Gefühl, dass sie für das, was sie geben, etwas Angemessenes zurückbekommen?* Sobald innerhalb eines Kooperationssystems die Bindungen infrage stehen, wenn es zu Unzuverlässigkeiten oder Loyalitätsproblemen kommt, kann ein Blick auf die Formen des Ausgleichs, des Erwidern bzw. des Gebens, Nehmens und Zurückgebens lohnend sein.

Wichtig erscheint mir, abschließend noch einmal darauf hinzuweisen, dass diese Metaprinzipien und Grundannahmen *kurativ* (und weder beschreibend noch gar vorschreibend) zu verstehen sind, also *als Möglichkeiten der Reflexion, z. B. bei in sozialen Systemen auftretenden Problemen.* Entwickelt wurden diese Aspekte in Zusammenhang mit der Nutzung von systemischen Aufstellungen. Daher bietet es sich natürlich an, Probleme in sozialen Systemen grundsätzlich durch systemische Aufstellungen zu betrachten, um etwa zu versuchen, durch Nutzung der Prinzipien und Annahmen heilsame Transformationen anzuregen.

Gerade die Aufstellung als eine besondere, unterschiedlichste Sinne und Wahrnehmungsebenen integrierende systemische Interventionsform hat sich in den letzten Jahren als äußerst erfolgreich innerhalb von Therapie-, Beratungs-, Mediations-, Supervisions- und Managementkontexten erwiesen. Daher ist es an der Zeit, den Potenzialen von Systemaufstellungen auch in der Sozialen Arbeit größere Beachtung zu schenken. Dies muss allerdings zukünftigen Publikationen vorbehalten bleiben (siehe diese Diskussion eröffnend z. B. Kleve 2006a).

Literatur

Adorno, T. W. (1966): Negative Dialektik. Frankfurt a. M. (Suhrkamp).

Baecker, D. (1994): Soziale Hilfe als Funktionssystem der Gesellschaft. *Zeitschrift für Soziologie* 2: 93–110.

Baecker, D. (2002): Wozu Systeme? Berlin (Kadmos).

Baltz, J. (2002): Sozialraumbudgetierung. Wohlfahrtspolitische und jugendhilferechtliche Würdigung der Modelle sozialräumlicher Budgetierung, insbesondere am Beispiel der Modelle in Stuttgart und Celle. In: R. Merten (Hrsg.) Sozialraumorientierung. Zwischen fachlicher Innovation und rechtlicher Machbarkeit. Weinheim/München (Juventa), S. 203–217.

Bardmann, T. M. (1996a): Die Kybernetik der Sozialarbeit. Eine Einleitung. In: T. M. Bardmann u. S. Hansen: Die Kybernetik der Sozialarbeit. Ein Theorieangebot. Aachen (Kersting), S. 11–14.

Bardmann, T. M. (1996b): Eigenschaftslosigkeit als Eigenschaft. Sozialarbeit im Lichte der Kybernetik des Heinz von Foerster. In: T. M. Bardmann u. S. Hansen: Die Kybernetik der Sozialarbeit. Ein Theorieangebot. Aachen (Kersting), S. 15–33.

Bardmann, T. M., H. J. Kersting, H.-C. Vogel u. B. Woltmann (1991): Irritation als Plan. Konstruktivistische Einredungen. Aachen (Kersting).

Bateson, G. (1979): Geist und Natur. Eine notwendige Einheit. Frankfurt a. M. (Suhrkamp).

Bauman, Z. (1991): Moderne und Ambivalenz. Das Ende der Eindeutigkeit. Frankfurt a. M. (Fischer).

Bausch, M. (2004): Arbeitsmarkt für Sozialpädagogen. Verfügbar unter: http://www.berufsregister.de/archiv.php [18.11.2005].

Beck, U. (1986): Risikogesellschaft. Auf dem Weg in eine andere Moderne. Frankfurt a. M. (Suhrkamp).

Beck, U. et al. (1997): Eigenes Leben. Ausflüge in die unbekannte Gesellschaft, in der wir leben. München (C. H. Beck).

Berg, I. K. (199): Familien-Zusammenhalt(en). Ein kurz-therapeutisches und lösungsorientiertes Arbeitsbuch. Dortmund (modernes lernen).

Biene, M. (2003): Geschichte des Triangelkonzeptes. In: ECKART – Evangelischer Fachverband für Erziehungshilfen in Westfalen-Lippe (Hrsg.): Elternaktivierung. Evaluation und Beschreibung des sogenannten Triangel-Konzeptes (neu: SIT). Münster (Diakonie), S. 5–11.

Biene, M. (2004): Elternaktivierende Arbeit im Gefährdungsbereich. (Handout zur gleichnamigen Fachtagung im Kinder- und Jugendhilfezentrum Berlin-Neukölln.)

Biene, M. (o. J.): Bausteine der Triangel-Elternaktivierung. O. O. (Unveröffentl. Manuskript.)

Bommes, M.. u. A. Scherr (1996): Exklusionsvermeidung, Inklusionsvermittlung und/oder Exklusionsverwaltung. Zur gesellschaftstheoretischen Bestimmung Sozialer Arbeit. *Neue Praxis* 2: 107–123.

Bommes, M. u. A. Scherr (2000): Soziologie der Sozialen Arbeit. Eine Einführung in Formen und Funktionen organisierter Hilfe. Weinheim/München (Juventa).

Boszormenyi-Nagy, I. u. G. Spark (1973): Unsichtbare Bindungen. Die Dynamik familiärer Systeme. Stuttgart (Klett-Cotta).

Bowlby, J. (1979): Das Glück und die Trauer. Herstellung und Lösung affektiver Bindungen. Stuttgart (Klett-Cotta).

Budde, W. u. F. Früchtel (2004): Der Ressourcen-Check – Ein strukturiertes Gespräch über Stärken. *Sozialmagazin* 5: 14–22.

Derrida, J. (1972): Die Schrift und die Differenz. Frankfurt a. M. (Suhrkamp).
Derrida, J. (1986): Positionen. Graz/Wien (Passagen).
Derrida, J. (1988): Die différance. In: P. Engelmann (Hrsg.): Postmoderne und Dekonstruktion. Stuttgart (Reclam).
Eberhard, K. (1999): Einführung in die Erkenntnis- und Wissenschaftstheorie. Stuttgart (Kohlhammer).
Engelke, E. (2003): Die Wissenschaft Soziale Arbeit. Werdegang und Grundlagen. Freiburg i. Br. (Lambertus).
Engelmann, P. (1990): Postmoderne und Dekonstruktion. Zwei Stichwörter zur zeitgenössischen Philosophie. In: P. Engelmann (Hrsg.): Postmoderne und Dekonstruktion. Texte französischer Philosophen der Gegenwart. Stuttgart (Reclam), S. 5–32.
Feyerabend, P. (1980): Erkenntnis für freie Menschen. Frankfurt a. M. Suhrkamp).
Fischer, E. P. (2001): Die andere Bildung. Was man von den Naturwissenschaften wissen sollte. Köln (Ullstein).
Foerster, H. von (1985): Das Konstruieren einer Wirklichkeit. In: P. Watzlawick (Hrsg.): Die erfundene Wirklichkeit: Wie wissen wir, was wir zu wissen glauben? München (Piper), S. 39–60.
Foerster, H. von (1988): Aufbau und Abbau. In: F. B. Simon (Hrsg.): Lebende Systeme: Wirklichkeitskonstruktionen in der systemischen Therapie. Heidelberg (Springer). S. 19–33.
Foerster, H. von (1999): Sicht und Einsicht. Versuche zu einer operativen Erkenntnistheorie. Heidelberg (Carl-Auer). [Online-Ausgabe, verfügbar unter: http://www.carl-auer.de/programm/978-3-89670-567-9]
Foucault, M. (1966): Die Ordnung der Dinge. Frankfurt a. M. (Suhrkamp).
Freud, S. (1999): Gesammelte Werke. Frankfurt a. M. (Fischer).
Früchtel, F. (Hrsg.) (2001): Umbau der Erziehungshilfen. Weinheim/München (Juventa).
Fuchs, P. (1992): Die Erreichbarkeit der Gesellschaft. Zur Konstruktion und Imagination gesellschaftlicher Einheit. Frankfurt a. M. (Suhrkamp).
Fuchs, P. (1999a): Intervention und Erfahrung. Frankfurt a. M. (Suhrkamp).
Fuchs, P. (1999b): Liebe, Sex und solche Sachen. Zur Konstruktion moderner Intimsysteme. Konstanz (UVK).
Fuchs, P. (2001): Die Metapher des Systems. Studien zur allgemein leitenden Frage, wie sich der Tänzer vom Tanz unterscheiden lasse. Weilerswist (Velbrück).
Fuchs, P. u. D. Schneider (1995): Das Hauptmann-von-Köpenick-Syndrom. Überlegungen zur Zukunft funktionaler Differenzierung. *Soziale Systeme* 2: 203–224.
Gaarder, J. (1993): Sofies Welt. Roman über die Geschichte der Philosophie. München/Wien (dtv).
Galuske, M. (1998): Methoden Sozialer Arbeit. Eine Einführung. Weinheim/München (Juventa).
Gergen, K. J. (1999): Konstruierte Wirklichkeiten. Eine Hinführung zum sozialen Konstruktionismus. Stuttgart (Kohlhammer).
Gerhards, K. (2003): Auswertungsbericht der Eltern-Fragebögen im Rahmen der Evaluation der Familienzentrierten Wohngruppe Stadtlohn. In: ECKART – Evangelischer Fachverband für Erziehungshilfen in Westfalen-Lippe (Hrsg.): Elternaktivierung. Evaluation und Beschreibung des sogenannten Triangel-Konzeptes (neu: SIT). Münster (Diakonie), S. 23–66.
Hampe-Grosser, A. u. H. Kleve (2005): Systemisches Case Management als Kontext- und Netzwerkarbeit. Über die Grenzen der Jugendhilfe hinaus und wieder zurück. *Unsere Jugend* 4: 175–181.
Harmsen, T. (2004): Die Konstruktion der professionellen Identität in der Sozialen Arbeit. Theoretische Grundlagen und empirische Befunde. Heidelberg (Carl-Auer).

Hering, S. u. R. Münchmeier (2000): Geschichte der Sozialen Arbeit. Eine Einführung. Weinheim/München (Juventa).

Hering, S. a. B. Waaldijk (Hrsg.) (2003): History of Social Work in Europe (1900–1960). Opladen (Leske + Budrich).

Herwig-Lemp, J. (2003): Welche Theorie braucht Sozialarbeit? *Sozialmagazin* 2: 12–21.

Hinte, W. (2002): Fälle, Felder und Budgets. Zur Rezeption sozialraumorientierter Ansätze in der Jugendhilfe. In: R. Merten (Hrsg.): Sozialraumorientierung. Zwischen fachlicher Innovation und rechtlicher Machbarkeit. Weinheim/München (Juventa), S. 91–126.

Hondrich, K. O. (2006): Verborgene Bindungen. In: W. Nelles u. H. Breuer (Hrsg.): Der Baum trägt reiche Frucht. Dimensionen und Weiterentwicklungen des Familienstellens. Heidelberg (Carl-Auer), S. 42–54.

Honneth, A. (1994): Desintegration. Bruchstücke einer soziologischen Zeitdiagnose. Frankfurt a. M. (Fischer).

Honneth, A. (Hrsg.) (2002): Befreiung aus der Mündigkeit. Paradoxien des gegenwärtigen Kapitalismus. Frankfurt a. M./New York (Campus).

Horkheimer, M. u. T. W. Adorno (1989): Dialektik der Aufklärung. Philosophische Fragmente. Leipzig (Reclam).

Hosemann, W. u. W. Geiling (2005): Einführung in die systemische Soziale Arbeit. Freiburg i. Br. (Lambertus).

IBS Aachen (2004): Programmbuch 2005. Aachen (Institut für Beratung und Supervision).

Jahraus, O. u. N. Ort (Hrsg.) (2000): Beobachtungen des Unbeobachtbaren. Konzepte radikaler Theoriebildung in den Geisteswissenschaften. Weilerswist (Velbrück).

Jekeli, I. (2002): Ambivalenz und Ambivalenztoleranz. Soziologie an der Schnittstelle von Psyche und Sozialität. Osnabrück (Der Andere Verlag).

Junge, M. (2000): Ambivalente Gesellschaftlichkeit. Die Modernisierung der Vergesellschaftung und die Ordnungen der Ambivalenzbewältigung. Opladen (Leske + Budrich).

Kamper, D. (1999): Ästhetik der Abwesenheit. Die Entfernung der Körper. München (Fink).

Kersting, H. J. (1991): Intervention: Die Störung unbrauchbarer Wirklichkeiten. In: T. M. Bardmann et al.: Irritation als Plan: Konstruktivistische Einredungen. Aachen (Kersting), S. 108–133.

Kersting, H. J. (2002a): Systemische Supervision und Emotion – ein Widerspruch? (6. Systemische Supervisionstage in Heidelberg. Eröffnungsvortrag am 9. Mai 2002.) *Das gepfefferte Ferkel – Online Journal für systemisches Denken und Handeln*. Verfügbar unter: http://www.ibs-networld.de/altesferkel/kersting-supervision-emotion.shtml [25.11.2005].

Kersting, H. (2002b): Zirkelzeichen. Supervision als konstruktivistische Beratung. Aachen (Kersting).

Kimmerle, H. (2000): Philosophien der Differenz. Eine Einführung. Würzburg (Königshausen & Neumann).

Klassen, M. (2004): Was leisten Systemtheorien in der Sozialen Arbeit? Bern (Haupt).

Kleve, H. (1996/2003): Konstruktivismus und Soziale Arbeit. Die konstruktivistische Wirklichkeitsauffassung und ihre Bedeutung für die Sozialarbeit/Sozialpädagogik und Supervision. Aachen (Kersting).

Kleve, H. (1999): Postmoderne Sozialarbeit. Ein systemtheoretisch-konstruktivistischer Beitrag zur Sozialarbeitswissenschaft. Aachen (Kersting).

Kleve, H. (2000): Die Sozialarbeit ohne Eigenschaften. Fragmente einer postmodernen Professions- und Wissenschaftstheorie Sozialer Arbeit. Freiburg i. Br. (Lambertus).

Kleve, H. (2002): Differenz und Soziale Arbeit. Von Wegen im Umgang mit dem Verschiedenen. *neue praxis* 5: 457–472.

Kleve, H. (2003): Sozialarbeitswissenschaft, Systemtheorie und Postmoderne. Grundlegungen und Anwendungen eines Theorie- und Methodenprogramms. Freiburg i. Br. (Lambertus).

Kleve, H. (2004a): Die intime Grenze funktionaler Partizipation. Ein Revisionsvorschlag zum systemtheoretischen Inklusion/Exklusion-Konzept. In: R. Merten u. A. Scherr (Hrsg.): Inklusion und Exklusion in der Sozialen Arbeit. Wiesbaden (VS), S. 163–187.

Kleve, H. (2004b): Die Notwendigkeit der Sozialen Arbeit in der modernen Gesellschaft. Ein professionspolitischer Kommentar zum schleichenden Abbau sozialstaatlicher und sozialarbeiterischer Unterstützungen in der Bundesrepublik Deutschland. *Sozialmagazin* 9: 34–38.

Kleve, H. (2004c): Das Nicht-Identische denken: Queer im Kontext radikaler Theoriebildung. In: G. Perko u. L. C. Czollek (Hrsg.): Lust am Denken. Queeres jenseits kultureller Verortungen. Köln (PapyRossa), S. 14–30.

Kleve, H. (2005): Soziale Arbeit mit Familien und soziologische Systemtheorie. *neue praxis* 1: 5–18.

Kleve, H. (2006a): Systemische Aufstellungen in der Sozialen Arbeit. Plädoyer für ein effektives Reflexions- und Interventionsinstrument. *Soziale Arbeit* 11: 415–421

Kleve, H. (2006b): Soziologische Kompetenz in der Sozialen Arbeit als Staunen über die Selbstverständlichkeiten der anderen. *Sozialmagazin* 10: 44–51.

Kleve, H., B. Haye, A. Hampe-Grosser u. M. Müller (2006): Systemisches Case Management. Falleinschätzung und Hilfeplanung in der Sozialen Arbeit. Heidelberg (Carl-Auer).

Kleve, H., G. Koch u. M. Müller (Hrsg.) (2003): Differenz und Soziale Arbeit. Sensibilität im Umgang mit dem Unterschiedlichen. Berlin/Milow/Strasburg (Schibri).

König, K. u. F. B. Simon (2001): Zwischen Couch und Einwegspiegel. Systemisches für Psychoanalytiker – Psychoanalytisches für Systemiker. Ein Gespräch. Heidelberg (Carl-Auer).

Kraus, B. (2002): Konstruktivismus, Kommunikation, Soziale Arbeit. Radikalkonstruktivistische Betrachtungen zu den Bedingungen des sozialpädagogischen Interaktionsverhältnisses. Heidelberg (Carl-Auer).

Krölls, A. (2002): Die Sozialraumorientierung aus jugendhilfepolitischer und jugendhilferechtlicher Sicht. Ein rechtswidriges Sparprogramm mit fragwürdigem jugendhilfepolitischen Nutzen. In: R. Merten (Hrsg.): Sozialraumorientierung. Zwischen fachlicher Innovation und rechtlicher Machbarkeit. Weinheim/München (Juventa), S. 183–201.

Kröner, S. u. M. Böwer (2004): Fortbildungen für SozialarbeiterInnen: Systemische Beratung/Therapie. Forum Sozial. Verfügbar unter: http://www.dbsh.de/html/3_2004.html [25.11.2005].

Kruse, J. (2003): Soziale Arbeit als Disziplin und Profession – oder: Die Forderung nach einem Ende der Abgrenzung. *Theorie und Praxis der Sozialen Arbeit* 2: 65–72.

Kruse, J. (2004): Arbeit und Ambivalenz. Die Professionalisierung Sozialer und Informatisierter Arbeit. Bielefeld (transcript).

Leiserung, L. (1997): Individualisierung und »sekundäre Institutionen« – Der Sozialstaat als Voraussetzung des modernen Individuums. In: U. Beck u. P. Sopp (Hrsg.): Individualisierung und Integration. Neue Konfliktlinien und neuer Integrationsmodus? Opladen (Leske + Budrich), S. 143–159.

Lindner, R. (2004): Unbestimmt bestimmt. Soziale Beratung als Praxis des Nichtwissens. Heidelberg (Carl-Auer).

Lorber, J. (1995): Gender-Paradoxien. Opladen (Westdeutscher Verlag).

Lüttringhaus, M. (2001): Zusammenfassender Überblick: Leitstandards der Gemeinwesenarbeit. In: W. Hinte, M. Lüttrginghaus u. D. Oelschlägel: Grundlagen und Standards der Gemeinwesenarbeit. Münster (Votum), S. 263–267.

Luhmann, N. (1984): Soziale Systeme. Grundriß einer allgemeinen Theorie. Frankfurt a. M. (Suhrkamp).
Luhmann, N. (1988): Die Wirtschaft der Gesellschaft. Frankfurt a. M. (Suhrkamp).
Luhmann, N. (1990a): Das Erkenntnisprogramm des Konstruktivismus und die unbekannt bleibende Realität. In: N. Luhmann: Soziologische Aufklärung 5. Konstruktivistische Perspektiven. Opladen (Westdeutscher Verlag), S. 31–58.
Luhmann, N. (1990b): Der medizinische Code. In: N. Luhmann: Soziologische Aufklärung 5. Konstruktivistische Perspektiven. Opladen (Westdeutscher Verlag), S. 183–195.
Luhmann, N. (1990c): Glück und Unglück der Kommunikation in Familien. In: N. Luhmann: Soziologische Aufklärung 5. Konstruktivistische Perspektiven. Opladen (Westdeutscher Verlag) S. 218–227.
Luhmann, N. (1990d): Sozialsystem Familie. In: N. Luhmann: Soziologische Aufklärung 5. Konstruktivistische Perspektiven. Opladen (Westdeutscher Verlag), S. 196–217.
Luhmann, N. (1991): Probleme der Forschung in der Soziologie. In: N. Luhmann: Universität als Milieu. Bielefeld (Haux), S. 69–73.
Luhmann, N. (1997): Die Gesellschaft der Gesellschaft. 2 Teilbände. Frankfurt a. M. (Suhrkamp).
Lyotard, J.-F. (1979): Das postmoderne Wissen. Ein Bericht. Wien (Passagen).
Lyotard, J.-F. (1981): Regeln und Paradoxa. In: J.-F. Lyotard: Philosophie und Malerei im Zeitalter der Postmoderne. Berlin (Merve), S. 97–107.
Lyotard, J.-F. (1986): Postmoderne für Kinder. Briefe aus den Jahren 1982–1985. Hrsg. von Peter Engelmann. Wien (Passagen).
Merten, R. (2002a): Bibliographie »Sozialraumorientierung«. In: R. Merten (Hrsg.): Sozialraumorientierung. Zwischen fachlicher Innovation und rechtlicher Machbarkeit. Weinheim/München (Juventa), S. 19–27.
Merten, R. (Hrsg.) (2002b): Sozialraumorientierung. Zwischen fachlicher Innovation und rechtlicher Machbarkeit. Weinheim/München (Juventa).
Merten, R. u. T. Olk (1996): Sozialpädagogik als Profession. Historische Entwicklung und künftige Perspektiven. In: A. Combe u. W. Helsper (Hrsg.): Pädagogische Professionalität. Untersuchungen zum Typus professionellen Handelns. Frankfurt a. M. (Suhrkamp), S. 570–613.
Merten, R. u. A. Scherr (Hrsg.) (2004): Inklusion und Exklusion in der Sozialen Arbeit. Wiesbaden (VS).
Mühlum, A. et al. (1997): Sozialarbeitswissenschaft. Pflegewissenschaft. Gesundheitswissenschaft. Freiburg i. Br. (Lambertus).
Mührel, E. (2003): Verantwortung. Ein Ethos Sozialer Arbeit. *Sozialmagazin* 7: 30–35.
Müller, C. W. (1998): Sozialarbeit expandiert in der Krise. *Theorie und Praxis der sozialen Arbeit* 1: 33 f.
Müller, C. W. (2002): Soziale Räume und Soziale Arbeit. In: R. Merten (Hrsg.): Sozialraumorientierung. Zwischen fachlicher Innovation und rechtlicher Machbarkeit. Weinheim/München (Juventa), S. 31–39.
Müller, M. (2003): Flexible Erzieherische Hilfen charakterisiert nach zwei Konstanten und sechs Prinzipien. *Soziale Arbeit* 8: 295–302.
Musil, R. (1930): Der Mann ohne Eigenschaften. Erstes und zweites Buch. Reinbek (Rowohlt).
Nassehi, A. (1997): Inklusion, Exklusion – Integration, Desintegration. Die Theorie funktionaler Differenzierung und die Desintegrationsthese. In: W. Heitmeyer (Hrsg.): Was hält die Gesellschaft zusammen? Bundesrepublik Deutschland: Auf dem Weg von der Konsens- zur Konfliktgesellschaft. Bd. 2. Frankfurt a. M. (Suhrkamp), S. 113–148.
Nelles, W. (2006): Familien- und Systemaufstellungen. Methode, soziale Ordnungen und philosophische Grundhaltung. *Das gepfefferte Ferkel, Online-Journal für systemisches Denken und Handeln*. Verfügbar unter: http://www.ibs-networld.de/ferkel [10.10.2006].

Neyer, F. J. u. F. R. Lang (2005): Wie dick ist Blut? *Psychologie heute compact* 12: 44–49.
Niemeyer, C. (2003): Sozialpädagogik als Wissenschaft und Profession. Grundlagen, Kontroversen, Perspektiven. Weinheim/München (Juventa).
Nietzsche, F. (1882): Die fröhliche Wissenschaft. In: F. Nietzsche: Sämtliche Werke. Kritische Studienausgabe in 15 Bänden. Band 3. Hrsg. von G. Colli und M. Montinari. München (dtv), S. 343–651.
Nietzsche, F. (1886): Jenseits von Gut und Böse. Vorspiel einer Philosophie der Zukunft. In: F. Nietzsche: Sämtliche Werke. Kritische Studienausgabe in 15 Bänden. Band 5. Hrsg. von G. Colli und M. Montinari. München (dtv), S. 9–243.
Nodes, W. (2005): Arbeitslosigkeit der Sozialarbeiter steigt. *Forum sozial* 3: 3–4.
Nuber, U. (2005): Vorwort. *Psychologie heute compact* 12: 3.
Pfeffer, T. (2004): Das »zirkuläre Fragen« als Forschungsmethode zur Luhmannschen Systemtheorie. Heidelberg (Carl-Auer), 2. Aufl. 2004.
Pfeifer-Schaupp, H.-U. (1995): Jenseits der Familientherapie. Systemische Konzepte in der Sozialen Arbeit. Freiburg i. Br. (Lambertus).
Pfeifer-Schaupp, U. (Hrsg.) (2002): Systemische Praxis. Modelle – Konzepte – Perspektiven. Freiburg i. Br. (Lambertus).
Rogers, C. R. (1942): Die nicht-direktive Beratung. München (Fischer).
Rogers, C. R. (1977): Therapeut und Klient. Grundlagen der Gesprächspsychotherapie. München (Fischer).
Roth, G. (2003): Aus Sicht des Gehirns. Frankfurt a. M. (Suhrkamp).
Rorty, R. (1989): Kontingenz, Ironie und Solidarität. Frankfurt a. M. (Suhrkamp).
Ruesch, J. u. G. Bateson (1951/1995): Kommunikation. Die soziale Matrix der Psychiatrie. Heidelberg (Carl-Auer).
Salomon, A. (1998): Grundlegung für das Gesamtgebiet der Wohlfahrtspflege. In: W. Thole et al. (Hrsg.): KlassikerInnen der Sozialen Arbeit. Sozialpädagogische Texte aus zwei Jahrhunderten – Ein Lesebuch. Neuwied/Kriftel (Luchterhand), S. 131–145.
Salomon, A. et al. (Hrsg.) (1930–1933): Forschungen über Bestand und Erschütterung der Familie in der Gegenwart. Bd. I–XIII. Berlin/Eberswalde (F. A. Herbig).
Schäfer, G. (2002): Realisierung der Sozialraumorientierung: Praktische Perspektiven. Beispiel der Stadt Celle/Bundesmodell INTEGRA/Projektverlauf und Veränderungen der Praxis. In: R. Merten (Hrsg.): Sozialraumorientierung. Zwischen fachlicher Innovation und rechtlicher Machbarkeit. Weinheim/München (Juventa), S. 69–87.
Scherpner, H. (1962): Theorie der Fürsorge. Göttingen (Vandenhoeck & Ruprecht).
Schipmann, W. (2002): »Sozialraumorientierung« in der Jugendhilfe. Kritische Anmerkungen zu einem (un-)zeitgemäßen Ansatz. In: R. Merten (Hrsg.): Sozialraumorientierung. Zwischen fachlicher Innovation und rechtlicher Machbarkeit. Weinheim/München (Juventa), S. 127–149.
Schütze, F. (1992): Sozialarbeit als »bescheidene« Profession. In: B. Dewe et al. (Hrsg.): Erziehen als Profession. Zur Logik professionellen Handelns in pädagogischen Feldern. Opladen (Leske + Budrich), S. 132–170.
Schützenberger, A. A. (1993): Oh, meine Ahnen. Wie das Leben unserer Vorfahren in uns wiederkehrt. Heidelberg (Carl-Auer), 4. Aufl. 2005.
Schwanitz, D. (1996): Bildung. Alles, was man wissen muss. Frankfurt a. M. (Eichborn).
Sennet, R. (1998): Der flexible Mensch. Die Kultur des neuen Kapitalismus. Berlin (Berlin).
Shazer, S. de (1989): Der Dreh. Überraschende Wendungen und Lösungen in der Kurzzeittherapie. Heidelberg (Carl-Auer), 9. Aufl. 2006.
Shazer, S. de (1991): Das Spiel mit Unterschieden. Wie therapeutische Lösungen lösen. Heidelberg (Carl-Auer), 5. Aufl. 2006.
Shazer, S. de (1996): »... Worte waren ursprünglich Zauber.« Lösungsorientierte Therapie und in Theorie und Praxis. Dortmund (modernes lernen).
Simon, F. B. (1995): Die andere Seite der Gesundheit. Ansätze einer systemischen Krankheits- und Therapietheorie. Heidelberg (Carl-Auer), 2. Aufl. 2001.

Simon, F. B. (2001): Tödliche Konflikte. Zur Selbstorganisation privater und öffentlicher Konflikte. Heidelberg (Carl-Auer), 2., erw. und korr. Aufl. 2004.
Simon, F. B., U. Clement u. H. Stierlin (1999): Die Sprache der Familientherapie. Ein Vokabular. Kritischer Überblick und Integration systemtherapeutischer Begriffe, Konzepte und Methoden. Stuttgart (Klett-Cotta).
Sparrer, I. (2004): Wunder, Lösung und System. Lösungsfokussierte Systemische Strukturaufstellungen für Therapie und Organisationsberatung. Heidelberg (Carl-Auer), 4. Aufl. 2006.
Sparrer, I. (2006): Systemische Strukturaufstellungen. Theorie und Praxis. Heidelberg (Carl-Auer).
Spencer-Brown, G. (1969): Laws of Form. Gesetze der Form. Lübeck (Bohmeier).
Stark, W. (1996): Empowerment. Neue Handlungskompetenzen in der psychosozialen Praxis. Freiburg i. Br. (Lambertus).
Stiefel, M.-L. (2002): Reform der Erziehungshilfen in Stuttgart. In: R. Merten (Hrsg.): Sozialraumorientierung. Zwischen fachlicher Innovation und rechtlicher Machbarkeit. Weinheim/München (Juventa), S. 55–67.
Thiersch, H. (1992): Lebensweltorientierte Soziale Arbeit. Aufgaben der Praxis im sozialen Wandel. Weinheim/München (Juventa).
Thiersch, H. (1993): Strukturierte Offenheit. Zur Methodenfrage einer lebensweltorientierten Sozialen Arbeit. In: T. Rauschenbach et al. (Hrsg.): Der sozialpädagogische Blick. Lebensweltorientierte Methoden in der Sozialen Arbeit. Weinheim/München (Juventa), S. 11–28.
Thorun, W. (2004): Expansion der sozialen Berufe? *Rundbrief Gilde Soziale Arbeit* 1: 41 f.
Treml, A. (1994): Die Systemtheorie – Folgenloses Sprachspiel oder erfolgversprechendes Paradigma? In: R. Huschke-Rhein (Hrsg.): Systemisch-ökologische Pädagogik. Band IV: Zur Praxisrelevanz der Systemtheorien. Köln (Rhein), S. 150–157.
Varga von Kibéd, M. u. I. Sparrer (2005): Ganz im Gegenteil. Tetralemmaarbeit und andere Grundformen Systemischer Strukturaufstellungen – Für Querdenker und solche, die es werden wollen. Heidelberg (Carl-Auer), 5., überarb. Aufl.
Watzlawick, P. (1992): Vom Unsinn des Sinns oder vom Sinn des Unsinns. München (Piper).
Watzlawick, P. et al. (1969): Menschliche Kommunikation. Formen, Störungen, Paradoxien. Bern (Huber).
Weber, G. (Hrsg.) (1997): Zweierlei Glück. Die systemische Psychotherapie Bert Hellingers. Heidelberg (Carl-Auer), 15. Aufl. 2007.
Weber, G. (Hrsg.) (2000): Praxis des Familien-Stellens. Beiträge zu Systemischen Lösungen nach Bert Hellinger. Heidelberg (Carl-Auer), 3., überarb. Aufl.
Weber, G. (Hrsg.) (2002): Praxis der Organisationsaufstellungen. Grundlagen, Prinzipien, Anwendungsbereiche. Heidelberg (Carl-Auer), 2., korr. Aufl. 2002.
Weber, G., G. Schmidt u. F. B. Simon (2005): Aufstellungsarbeit revisited ... nach Hellinger? Mit einem Metakommentar von Matthias Varga von Kibéd. Heidelberg (Carl-Auer).
Welsch, W. (1987): Unsere postmoderne Moderne. Berlin (Akademie).
Welsch, W. (1990): Ästhetisches Denken. Stuttgart (Reclam), S. 168–200.
Welsch, W. (Hrsg.) (1994): Wege aus der Moderne. Schlüsseltexte der Postmoderne-Diskussion. Berlin (Akademie).
Welsch, W. (1996): Vernunft. Die zeitgenössische Vernunftkritik und das Konzept der transversalen Vernunft. Frankfurt a. M. (Suhrkamp).
Wendt, W. R. (1997): Case Management im Sozial- und Gesundheitswesen. Eine Einführung. Freiburg i. Br. (Lambertus).
Werder, L. von (1993): Lehrbuch des wissenschaftlichen Schreibens. Ein Übungsbuch für die Praxis. Berlin/Milow (Schibri).
Werder, L. von (2003): Creative Thinking. Die Ideenfabrik. Die effektivsten Denkmethoden großer Philosophen für Schule, Studium und Beruf. Berlin/Milow (Schibri).

Werder, L. von u. B. Schulte-Steinicke (Hrsg.) (2003): Die deutsche Schreibkrise. Empirische Umfragen von 1994–2002. Hohengehren (Schneider).
Wiesner, R. (2002): Die Leitideen des KJHG und ihre Vereinbarkeit mit dem sozialräumlichen Planungsansatz. In: R. Merten (Hrsg.): Sozialraumorientierung. Zwischen fachlicher Innovation und rechtlicher Machbarkeit. Weinheim/München (Juventa), S. 167–181.
Willke, H. (1992): Ironie des Staates. Grundlinien einer Staatstheorie polyzentrischer Gesellschaft. Frankfurt a. M. (Suhrkamp).
Winkler, M. (1999): Integration ohne Grenzen? Zur gesellschaftlichen Verallgemeinerung sozialpädagogischer Denkweisen. In: R. Treptow u. R. Hörster (Hrsg.): Sozialpädagogische Integration. Entwicklungsperspektiven und Konfliktlinien. Weinheim/München (Juventa), S. 83–102.
Wirth, J. V. (2005): Helfen in der Moderne und Postmoderne. Fragmente einer Topographie des Helfens. Heidelberg (Carl-Auer).
Wolff, R. (1990): Von der Reaktion zur Prävention – Zur konzeptuellen Weiterentwicklung des Kinderschutzes in Berlin. Rundbrief Senatsverwaltung für Frauen, Jugend und Familie 2: 21–30.
Zima, P. V. (1989): Ideologie und Theorie. Eine Diskurskritik. Tübingen (Francke).
Zima, P. V. (1997): Moderne/Postmoderne. Gesellschaft, Philosophie, Literatur. Tübingen/Basel (Francke).
Zima, P. (2000): Theorie des Subjekts. Subjektivität und Identität zwischen Moderne und Postmoderne. Tübingen/Basel (Francke).

Veröffentlichungsnachweise

Die Kapitel 1, 2, 5, 6, 7 und 8 basieren auf Texten, die bereits veröffentlicht wurden. Sie wurden für dieses Buch völlig überarbeitet, d. h. erweitert bzw. gekürzt und um aktuelle Literaturangaben ergänzt.

1. Kapitel: Ambivalenzreflexive Theoriegenese in der Sozialen Arbeit – oder: Vom Staunen über die Selbstverständlichkeiten der anderen (2004). Zeitschrift für Sozialpädagogik 3: 286–300.
2. Kapitel: Postmoderne Sozialarbeit und Sozialstaatstransformation. Fragen und Antworten aus einer ambivalenzreflexiven Perspektive (2005). Sozialmagazin 2: 34–42.
5. Kapitel: Zwischen Unwahrscheinlichkeit und Möglichkeit. Zur Ambivalenz des Erfolgs in der Sozialen Arbeit (2006). In: R. Balgo u. H. Lindemann (Hrsg.): Sisyphos – Beiträge zur systemischen Pädagogik. Bd. 1: Die Praxis systemischer Pädagogik. Heidelberg (Carl-Auer), S. 134–151.
6. Kapitel: Sozialraumorientierung – Systemische Begründungen für ein klassisches und innovatives Konzept Sozialer Arbeit (2004). Sozialmagazin 3: 12–22.
7. Kapitel: Soziale Arbeit mit Familien. Ein Weg, der zu gelingendem Aufwachsen führt? Systemtheoretische Betrachtungen. gilde rundbrief 2: 37–48.
8. Kapitel: Kooperation in der Elternarbeit. Jenseits von Abgabe- und Kampfmuster. Soziale Arbeit 12: 463–468.

Über den Autor

Heiko Kleve, Prof. Dr., Diplom-Sozialarbeiter/Sozialpädagoge, Soziologe, Sozialwissenschaftler (Dr. phil. in Soziologie), Mediator, systemischer Berater, Case Manager/Case-Management-Ausbilder, Supervisor. Professor für soziologische und sozialpsychologische Rahmenbedingungen sowie Fachwissenschaft der Sozialen Arbeit an der Fachhochschule Potsdam.